고객
가치

고객가치는 기업의 생명줄이다!

고객
가치

김종훈 지음

CUSTOMER
VALUE

클라우드나인
CLOUD 9

왜 고객가치인가?

스티브 잡스와 같은 천재적인 혁신가가 회사에 있어서 시대를 앞서 가는 혁신적인 고객가치를 척척 만들어낼 수 있다면 얼마나 좋을까? 하지만 현실로 돌아오면 스티브 잡스를 흉내내는 사람은 많지만 진정한 혁신가는 드물며 여러 조직에서 수많은 혁신 활동을 하고 있음에도 혁신적인 고객가치를 만들어내는 일은 생각처럼 쉽지 않다.

글로벌 기업부터 스타트업까지 사업 규모의 크고 작음을 떠나 고객을 상대로 사업을 하고 있다면 고객가치가 그 기업과 고객을 연결하는 유일한 연결고리이며 생존을 위한 생명줄이라는 것을 부인하는 사람은 없을 것이다. 그런데도 매년 수많은 기업이 이 생명줄을 놓치고 시장에서 사라져간다.

왜 그 많은 기업이 천문학석인 연구개발 투자와 조직적인 혁신 활동을 하고 있음에도 고객이 원하는 고객가치를 제대로 만들어내지 못해 시장에서 사라져가는 걸까? 어려운 질문이지만, 고객가치의 본질에서 그 답을 찾아보고자 한다. 고객가치가 무엇인지 그 본질을 제대로 이해한다면 그리고 그 본질과 지금 하는 가치 창출 활동 사이에 어떠한 괴리가 있는지를 안다면 그 해답에 한 발짝 더 다가갈 수 있을 것이다.

그럼 고객가치의 본질은 무엇일까? 고객가치의 첫 번째이자 가장 중요한 본질은 '고객이 가치 있다고 생각하는 것만이 살아 남는다.'라는 것이다. 혹시 그 많은 기업이 '고객이 가치 있다고 생각하는 것'이 아닌 '기업이 가치 있다고 생각하는 것'을 만드는 데 온 조직의 역량과 자원을 집중하다가 고객들로부터 외면당하고 사라진 것은 아닐까? 고객가치의 두 번째 본질은 '고객이 원하는 것이 고객마다 다 다르다.'라는 것이다. 하나의 고객가치를 표준화해 대량으로 값싸게 공급하고자 하는 공급자의 입장에서 보면 이것은 분명 불편한 진실이다. 고객가치의 세 번째 본질은 '고객이 원하는 것이 계속 변한다.'라는 것이다. 그래서 한 번의 성공은 가능해도 같은 성공을 두 번 반복하기는 어렵다고들 이야기한다.

이렇듯 고객가치의 본질은 쉽고도 명확하지만 조직 내 100명의 구성원에게 "고객가치가 무엇이냐?"는 질문을 던진다면 아마 100개의 서로 다른 대답을 얻을지도 모른다. 고객가치에 대해 각자 서로 다른 이해와 생각을 하는 이유는 고객가치를 고객이 아닌 우리의 관점에서 바라보기 때문이다. 고객가치를 우리가 아닌 고객 관점에서 '겸손하게' 바라본다면 그 본질에 대해 같은 이해를 하고 그것을 만들어내기 위해서 조직 전체가 같은 방향으로 나아가도록 만드는 일이 그렇게 어려운 일만은 아닐 것이다.

4차 산업혁명으로 빅데이터를 활용한 고객 정보의 분석과 예측이 더욱 정교해지고 기획 단계부터 판매와 마케팅까지 기업 활동에 대한 고객의 참여가 증가함에 따라 고객과 함께 고객가치를 만들어나가는 '고객참여형 비즈니스 프로세스'가 점점 더 중요해지고 있다. 따라서 조직 전체가 고객가치의 본질에 대해 같은 이해를 하고 전 조직원이 우리의 관점이 아닌 고객의 관점에서 고객가치 창출 활동에 몰입하도록 만드는 일은 성공을 갈망하는 모든 경영자에게 앞으로 더욱 중요한 과제가 될 것이다.

지난 30년간 고객과의 접점에서 성공과 실패를 반복하며 얻은 고객과 고객가치에 대한 이해와 경험을 어떻게 하면 좀 더 쉽고 명확하게 정리해서 전달해줄 수 있을까 고민을 많이 했다. 모쪼록 이 책이 창업을 고민하는 모든 이들과 이제 막 사회에 첫발을 내딛는 새내기 젊은이들 그리고 성공을 갈망하는 예비 경영자들이 성공의 핵심인 고객가치의 본질을 제대로 이해하고, 나아가 시장에서 새로운 사업을 성공으로 이끄는 데 조금이나마 도움이 되었으면 한다.

2019년 2월
김종훈

목차

2장 성공의 핵심 • 고객가치 • 99

3장 전략의 핵심 • 고객가치 • 121

4장 경쟁의 핵심 • 고객가치 • 155

5장 경영의 핵심 • 고객가치 • 187

1장

생존의 핵심

고객가치

고객들은 언제든지 더 좋은 고객가치를 찾아 우리 곁을 떠날 준비가
되어 있다. 따라서 한 번 성공한 사업이라도 의미 있는 후속 고객가치
를 제때에 만들어내지 못하면 고객들로부터 외면당하고 순간 시장에
서 사라지고 만다.

①

고객가치는 기업 생존의
생명줄이다

고객가치는 '기업'과 '고객'을 연결해주는 유일한 연결고리이며
기업의 생존을 지켜주는 생명줄이다. 이 연결고리가 끊어지면 기
업은 길 잃은 어린아이처럼 시장 안을 헤매다가 어느 순간 시장
에서 사라지고 만다.

2013년에 개봉된 SF 영화 「그래비티」를 기억할 것이다. 영화를
보면 허블 우주 망원경을 수리하기 위해 우주선 밖으로 나갔던 라
이언 스톤 박사(산드라 블록)는 우주에 떠도는 인공위성 잔해물에
부딪혀 그 충격으로 우주선과 연결된 생명줄tether이 끊어지지만
동료 우주비행사 맷 코왈스키(조지 클루니)의 도움으로 극적으로 구
조되는 장면이 나온다.

영화를 보았던 사람들은 맷 코왈스키가 라이언 스톤 박사를 살
리기 위해 자신의 생명줄을 스스로 놓아버리고 영원히 깜깜한 우
주 속으로 사라져버리는 가슴 짠한 장면을 잊지 못할 것이다.

우주비행사에게는 우주비행사와 우주선을 연결해주는 생명줄이 있다. 이 생명줄 덕분에 우주 공간을 자유롭게 유영하다가도 안전하게 다시 우주선으로 되돌아올 수가 있다. 하지만 이 줄이 끊어지는 순간 우주비행사는 우주 고아가 되어 영원히 돌아올 수 없는 어둠 속으로 사라지고 만다.

영화에서 보듯이 우주비행사에게는 우주비행사와 우주선을 연결해주는 생명줄이 있다. 이 생명줄 덕분에 우주 공간을 자유롭게 유영하다가도 안전하게 다시 우주선으로 되돌아올 수가 있다. 하지만 이 줄이 끊어지는 순간 우주비행사는 우주 고아가 되어 영원히 돌아올 수 없는 어둠 속으로 사라지고 만다.

우주선과 우주비행사를 연결해주는 생명줄이 우주비행사의 생명을 지켜주듯이 기업에는 고객가치가 기업과 고객을 연결해주는 연결고리가 되어 기업의 생명을 지켜준다. 하지만 기업이 더는 의미 있는 고객가치를 만들어내지 못하는 순간 고객과의 유일한 연결고리인 이 생명줄은 끊어지며 100년 이상 영속할 것만 같던 글로벌 기업조차도 순간 시장 밖으로 사라지고 만다.

2000년대 초반까지만 해도 전 세계 인터넷 포털 시장을 독점하다시피 했던 야후, 미국의 대표적인 가전 체인 스토어였던 서킷시티, 그리고 전 세계에 9,000여 개의 매장을 가지고 비디오 대여점 시장의 선두를 달렸던 블록버스터 등 한때 시대를 풍미했던 분야별 1등 기업들조차도 지속적인 고객가치 창출에 실패하면서 시장에서 사라져갔다.

이제는 다소 생소한 이름이 되어버렸지만 아직도 많은 사람이 휴대폰 제조기업 노키아Nokia를 기억할 것이다. 노키아는 1865년에 창립된 핀란드 기업으로 1990년대 후반부터 2010년대 초반까지 전 세계 휴대폰 시장에서 독점적인 시장 지배력을 지녔던 글로벌 혁신기업 중 하나였다. 많은 기업의 직원들이 노키아의 경영 노하우를 배우기 위해 핀란드에 있는 노키아 본사를 방문했다. 경쟁자들은 노키아의 신모델이 시장에 출시될 때마다 바로 사다가 뜯어보는 것이 일이었다.

그 당시 노키아는 40%에 가까운 시장 점유율을 기반으로 경쟁자의 추격을 불허하는 제품 경쟁력을 가지고 있었다. 기지국 사업까지 함께했기 때문에 통화 품질 또한 업계 최고 수준을 자랑하고 있었다. 아마도 통신업계에 몸을 담았던 사람이라면 노키아의 기업 슬로건 '커넥팅 피플Connecting People'을 기억할 것이다. 그 당시 '커넥팅 피플'이라는 노키아의 슬로건은 시장 내에서 노키아의 우수한 통화 품질을 대변하는 상징적인 표현이기도 했다.

내가 기억하는 노키아는 상당히 고객 지향적인 기업이기도 했다. 2010년대 초반 이란 국립대학교인 테헤란 대학교에서 학생들을 대상으로 '미래 지향적 키친'이라는 주제로 디자인 공모전을 진

노키아의 기업 이미지 광고. 아일랜드 더블린에 설치한 노키아 광고 (출처: 위키피
디아)

행한 적이 있었다. 당시 우리 공모전에 참여하는 학생들의 상당수
가 노키아에서 주관하는 새로운 콘셉트의 휴대폰 디자인 공모전에
동시에 참여하고 있었다. 나중에 알고 보니 노키아는 이란뿐만이
아니라 중동의 주요 국가에서 매년 현지 대학생들을 대상으로 디
자인 공모전을 해 그 결과를 신제품 개발에 적극 반영하고 있었다.

물론 단적인 예이지만 그 당시 노키아는 시장의 절반에 가까운
압도적인 점유율을 가지고 있음에도 고객들의 의견을 수렴하는 활
동을 게을리하지 않고 있었다. 노키아 브랜드에 대한 고객들의 충
성도가 높아 누구도 그 아성을 깨뜨리기가 쉽지 않아 보였다. 그렇
게 영원히 1등을 할 것만 같던 노키아도 독자적으로 개발한 심비안
운영체제Symbian OS만을 고집하다가 고객들로부터 외면을 당했고
이제 옛날의 명성을 되찾기에는 시장에서 너무 멀어지고 말았다.

만약에 그 당시 노키아가 그 많던 개발팀 중에 한 팀만이라도 안드로이드 기반의 스마트폰 개발에 투입해 새로운 시장의 큰 흐름을 쫓아갔다면 지금 스마트폰 시장의 경쟁 구도는 완전히 달라졌을 것이다. 이렇듯 빠르게 변화하는 시장 환경 속에서 고객들이 원하는 상품과 서비스를 제때 제대로 만들어내느냐 못 하느냐에 기업의 성공과 실패가 달려 있다. 그러다 보니 전 세계 주요 기업들의 경영이념이나 경영철학에는 대부분 '고객' 또는 '고객가치'라는 단어가 포함되어 있다.

• 주요 기업의 경영이념 또는 경영철학
고객을 위한 가치 창조, 인간 존중의 경영 (LG그룹 경영이념 중)
고객에게 최고의 만족을 줄 수 있는 제품과 서비스를 창출한다.
(삼성 경영철학 중)
경쟁자 대신 고객에 집착하라. (아마존 경영철학)
고객에게 최선을 다하라. (구글의 행동 강령)
고객이 원하는 제품을 고객과 함께 만든다. (샤오미의 경영철학)

이제 고객가치가 사업의 성공과 실패를 결정하는 핵심요소라는 것을 부정하는 사람은 없을 것이다. 그런데도 왜 많은 기업이 고객들이 원하는 고객가치 창출에 실패해 역사의 뒤안길로 사라지는 것일까?

지금 이 순간에도 많은 새내기 젊은이들이 창업의 성공을 꿈꾸며 새롭게 시장 진출을 준비하고 있을 것이다. 또한 기존의 기업들도 지속적인 성장을 위해 새로운 시장으로의 사업 확장을 모색하

고 있을 것이다.

그들 중에 성공에 대한 열망 없이 새로운 사업을 시작하는 사람은 아무도 없을 것이다. 하지만 하고자 하는 사업이 성공하기 위해서 꼭 필요한 핵심 고객가치가 무엇이며 그것이 고객들에게 어떠한 '실질적 가치'를 제공할 수 있는지에 대해서 충분히 고민하고 새로운 사업을 시작하는 경우는 많지 않다.

어쩌면 성공을 위해 우리가 해야 할 일은 게을리한 채 시장 환경이 우리에게 유리하게 작용할 것이라는 막연한 기대와 희망만을 가지고 새로운 사업을 시작하고 있는 것은 아닌지 돌아볼 필요가 있다.

쫓아갈 것인가, 앞서갈 것인가?

고객가치는 기술의 발전과 새로운 비즈니스 모델의 등장으로 빠르게 변해간다. 이러한 고객가치의 변화를 미리 감지하고 준비하는 기업은 시장을 선도하며 경쟁에서 앞서 가지만 그렇지 못한 기업은 경쟁에서 도태되어 어느 순간 시장에서 사라지고 만다.

타임머신을 타고 20년 전으로 가보면 지금 시가총액 세계 10위권 안에 있는 대부분의 글로벌 IT 기업들은 작은 창고나 사무실에서 열심히 창업을 준비하고 있을 것이다.

아마존 창업자 제프 베조스가 시애틀에서 온라인 인터넷 서점을 시작한 것이 1995년이며 애플 창업자인 스티브 잡스가 쫓겨났던 애플에 복귀하여 애플의 운전대를 다시 잡은 것이 1996년이다. 리드 헤이스팅스와 마크 랜돌프가 이제는 온라인 엔터테인먼트 서비스 분야의 세계적인 선도기업이 된 넷플릭스를 설립한 것이 1997년이다. 그리고 구글의 창업자인 래리 페이지와 세르게이 브린이

1998년 구글이 창업 시 사용하였던 차고 사무실

캘리포니아주의 작은 차고에서 검색 엔진을 기반으로 구글을 만든 것이 1998년이다.

1990년대 후반에 어떤 일이 있었길래 이렇게 많은 글로벌 IT 기업들이 거의 비슷한 시점에 탄생했을까? 그들의 탄생 뒤에는 똑같이 인터넷 혁명이 자리잡고 있다. 1970년대와 1980년대에 군사용 네트워크와 대학연구소 등에서 학술적인 목적으로만 사용되던 인터넷은 1980년대 말에 이르러 세계를 연결하는 국제적인 통신망으로 발전하게 된다.

그리고 1989년에는 지금 우리가 너무나 편하게 사용하는 월드와이드웹www이 등장한다. 인터넷은 네트워크 기술이 한 단계 진일보하면서 교육이나 공공목적 용도에서 민간기업이 참여하는 상업적 목적의 온라인 서비스로 발전하게 된다. 인터넷의 상업적 이용이 허용되고 1993년에 인터넷을 보다 편리하게 사용할 수 있는 인터넷 브라우저 모자이크Mosaic가 출시되면서 사용자가 폭발적으

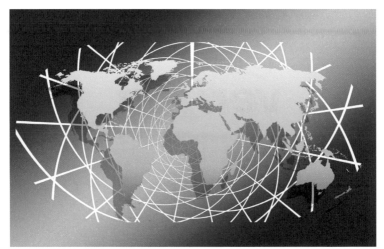

1989년 월드와이드웹이 등장하면서 인터넷은 교육이나 공공목적 용도에서 민간 기업이 참여하는 상업적 목적의 온라인 서비스로 발전하게 된다.

로 증가한다. 1994년에는 대표적 인터넷 포털 기업인 야후가 탄생했고 한때 마이크로소프트의 익스플로러와 함께 양대 웹 브라우저로 평가받았던 넷스케이프가 등장했다.

인터넷과 통신망의 발전은 사람들이 일상생활 속에서 당연하게 받아들였던 시간과 공간의 제약을 무너뜨렸다. 특히 스마트폰의 등장은 이러한 변화를 가속했다. 개인의 삶은 과거보다 훨씬 시공간적으로 여유로워졌으며 시간의 활용도share of time가 달라졌고 이에 따라 라이프 스타일도 빠르게 변화하기 시작했다.

그동안 우리의 삶을 지배해오던 시공간의 제약이 없어진다는 것이 사회적으로 어떠한 변화를 가져오며 또 어떠한 고객가치를 만들어낼 수 있는지를 예측하는 것은 지금 생각하면 너무나 쉬운 일이다. 하지만 안타깝게도 당시에는 이러한 인터넷 기술의 발전이 그리고 나아가 스마트폰의 탄생이 그 이후 20년간 전 세계에 어떤

1세대 대표 닷컴 기업 야후는 인터넷 혁명이 가져온 소셜 미디어의 확산과 모바일 시대의 도래에 제때 대처하지 못하고 결국 한때 본인들이 인수를 검토했던 구글과 페이스북에 밀려 2017년 초 창립 22년 만에 버라이즌에 매각되고 만다.

산업적, 사회적 변화를 가져올지를 짐작하는 기업이나 사람들은 많지 않았다.

애플은 인터넷의 발전이 콘텐츠의 소비를 촉진하고 그러면서 휴대폰 사용자들의 관심이 통화에서 콘텐츠 소비 중심으로 바뀔 것이라는 것을 예측하고 휴대폰의 성능을 PC 수준으로 끌어올렸다. 그리고 앱을 도입해 휴대폰의 주 사용 용도를 엔터테인먼트에서 나아가 소셜 네트워킹으로 무한 확장했다. 20년이 지난 지금 애플은 그 덕분에 수년째 세계 시가총액 1위 자리를 차지하고 있다.

한편 인터넷 포털 사이트를 처음으로 만들어 웹 검색 시장에서 한때 50%의 점유율을 차지하며 뉴스 포털, 이메일 등 인터넷 서비스 시장에서 독보적인 지위를 가지고 있던 1세대 대표 닷컴 기업 야후는 인터넷 혁명이 가져온 소셜 미디어의 확산과 모바일 시대의 도래에 제때 대처하지 못한다. 그리고 결국 한때 본인들이 인수를 검토했던 구글과 페이스북에 밀려 2017년 초 창립 22년 만에 버라이즌에 매각되고 만다.

인터넷과 정보통신기술 혁명이 가져온 고객가치의 변화

	구글	**아마존**	**넷플릭스**
새로운 가치창출	• 빠르고 정확한 정보 검색 • 서비스의 확장성 • 사용자 참여형 서비스 • 모바일 기반 오픈 플랫폼	• 쇼핑의 시공간 제약 제거 • 빠른 배송과 가격 혁신 • 원클릭 간편 쇼핑 • 상품 버라이어티	• 온라인 스트리밍 서비스 • 자체 제작 콘텐츠 • 개인별 맞춤 추천 서비스 • 다양한 기기 지원 (TV, 모바일, PC, 게임콘솔, 셋톱박스)

기술과 산업의 발전	• 초고속 인터넷망 구축 • 통신 네트워크의 발전 　(2G→3G→4G LTE) • 익스프레스 배송 네트워크 구축 • 스마트폰 보급 확대

	야후	**시어스**	**블록버스터**
기존의 고객가치	• 인터넷 뉴스 포털 • 웹 디렉토리 검색 • PC 기반의 플랫폼	• 오프라인 매장 네트워크 • 편안한 매장 내 쇼핑 환경 • 파격적인 시즌 프로모션	• 오프라인 매장 네트워크 • 넓은 매장, 다양한 콘텐츠 • 가변 요금제

인터넷 서비스	유통	엔터테인먼트

야후는 기존보다 한층 빠르고 정확한 검색 알고리즘을 도입한 구글에 밀려 인터넷 검색 시장에서 빠르게 점유율을 잃기 시작했다. 뉴스 또한 사용자들이 인터넷 포털보다는 페이스북이나 트위터와 같은 소셜 미디어를 통해 필요한 정보를 얻기 시작하면서 포털 이용자가 지속해서 감소하는 어려움을 겪게 된다. 한때 지면으로 뉴스를 제공하는 전통 미디어 공룡들을 위협하며 뉴스 미디어 시장에 포식자로 등극했던 야후는 본인들을 성공으로 이끈 뉴스 미디어에 너무 집착한 나머지 인터넷 시대의 빠른 변화를 놓치고 말았다.

얼마 전에는 미국의 대표적인 백화점 유통 업체인 시어스가 비용 절감을 위해 882개 매장 중 350여 개의 매장을 문을 닫았다는

'아마존드' 충격에 휩싸인 미국 유통 업체

업체(업종)	주요 내용
시어스(백화점)	2017년 매장 350여 개 폐점
메이시스(백화점)	2017년 매장 65개 폐점, 1만 명 감원
더 리미티드 (여성의류)	오프라인 판매 사업 철수
토이저러스(장난감)	파산보호 신청
페이리스슈즈(신발)	파산보호 신청

(출처: 블룸버그통신)

뉴스가 나왔다. 시어스를 포함한 대부분의 오프라인 유통들은 고객이 어디에서나 쉽게 매장에 접근할 수 있도록 오프라인 매장의 확대에 주력해왔다. 또한 더 많은 상품을 전시하고 더 넓은 휴식 공간을 만들어 고객들에게 좀 더 편안한 쇼핑 환경을 제공하고자 노력해왔다. 하지만 오프라인 매장들은 매장 개점 시간이 정해져 있다는 쇼핑의 시간적 제약과 매장에 가야만 쇼핑할 수 있다는 공간적 제약을 전제로 발전해왔다.

고객들은 전자상거래 등장 이후 더는 비싼 매장 임대료의 일부를 가격으로 부담하기를 원치 않았고 좀 더 다양한 상품들을 더욱 싸게 구매하기를 원했으며 작은 소품 하나를 사기 위해서 30분씩 운전해서 이동하고 싶어 하지 않았다. 온라인 서점으로 시작한 아마존은 시공간의 제약이 없는 온라인 매상의 상섬과 혁신적인 물류 시스템을 결합해 저비용의 유통구조를 만들고 가격파괴를 통해 이러한 고객들의 요구를 충족했으며 기존에 시장을 지배하던 오프라인 유통들을 밀어내고 이커머스 시장의 절대 강자로 부상한다.

미국 비디오 대여 체인점의 대명사였던 블록버스터는 새로운 뉴 미디어 시대에 적응하지 못하고 2013년 파산했다.

이러한 변화는 콘텐츠 유통 시장에서도 예외는 아니었다. 과거 우리나라에는 동네마다 개인이 운영하는 비디오 가게가 있었다. 미국에는 블록버스터라는 대형 비디오 대여 체인점이 미국 전역에 3,000개가 넘는 매장 네트워크를 갖추고 시장에서 독점적인 지배력을 유지하고 있었다. 하지만 대용량의 영상 스트리밍 서비스를 하기 위한 인터넷 인프라가 깔리는 데에는 생각보다 오랜 시간이 걸리지 않았다.

결국 오프라인 매장을 중심으로 성장을 고집한 블록버스터는 이러한 시장의 변화에 제때 대응하지 못하고 경쟁에서 밀려나고 만다. 지금 그 자리는 남보다 앞서 온라인 동영상 스트리밍 서비스를 도입하고 지속해서 서비스를 발전시킨 넷플릭스가 차지하고 있다. 이처럼 글로벌 1등 기업들조차도 기존 시장에서 기존 경쟁자들과 경쟁하는 데 익숙해져 기술과 산업의 발전이 가져오는 고객가치의

아마존 창업자 제프 베조스. 그는 2018년 11월 8일 시애틀 본사에서 열린 전체 회의에서 직원들에게 "큰 기업도 30년을 버티기가 쉽지 않으며 아마존도 언젠가는 파산할 것이다. 우리가 할 일은 이 시점을 최대한 늦추는 것이다."라고 말했다.

변화를 제때 인지하지 못하고 스스로 시장에서 도태되어 갔다.

"큰 기업도 30년을 버티기가 쉽지 않으며 아마존도 언젠가는 파산할 것이다. 우리가 할 일은 이 시점을 최대한 늦추는 것이다."

제프 베조스가 2018년 11월 8일 시애틀 본사에서 열린 전체 회의에서 직원들에게 한 말이다. 지금 글로벌 IT 시장을 지배하는 애플과 아마존 그리고 구글 같은 기업들이 20년 후에도 지금과 같은 혁신기업으로 남아 있을지는 아무도 장담할 수 없다. 그들 또한 기존 시장에서 기존 경쟁자들과 경쟁하는 데 익숙해져 시장의 변화를 놓치고 새로운 고객가치 창출에 실패한다면 20여 년 전 그들이 기존 기업들에게 한 것처럼 새로운 젊은 기업들이 그들을 벼랑 끝으로 몰아내는 순간이 올 수도 있을 것이다.

3

생존을 위한 고객가치의 진화

경쟁이 치열해짐에 따라 선택할 수 있는 옵션이 많아진 고객들의
요구는 더욱 까다로워진다. 이때부터 실질적이면서도 차별적인
고객가치를 지속적으로 만들어내지 않으면 생존이 어려운 무한
경쟁이 시작된다.

기업의 고객가치 창출 활동은 크게 3단계로 진화한다. 새로운 상
품이나 서비스를 처음 선보일 때는 '실질적인 고객가치 창출'을 통
해 초기 고객들로부터 신뢰를 얻는 것이 중요하다. 오래지 않아 시
장에 비슷한 수준 또는 더 나은 고객가치를 제공하는 경쟁자가 나
타나면 '차별적 고객가치 창출'이 경쟁에서 살아남는 핵심요건이
된다. 선택할 수 있는 옵션이 많아진 고객들의 요구는 더욱 까다
로워진다. 이때부터 기업은 실질적이면서도 차별적인 고객가치를
'지속적'으로 만들어내지 않으면 생존이 어려운 무한경쟁 속에 빠
져들게 된다.

기업의 고객가치 창출 활동 진화 3단계

1단계
시장 진입 단계
실질적 고객가치 창출

2단계
경쟁 심화 단계
차별적 고객가치 창출

3단계
고객 요구 심화·무한 경쟁 단계
지속적 고객가치 창출

　기업들이 생존을 위해 고객가치를 어떻게 진화시켜왔는지를 국내 커피 전문점 시장을 예로 한 번 살펴보자. 얼마 전 관세청과 커피 업계의 통계자료를 보면 2017년 기준 한 해 동안 한국 소비자들이 마신 커피는 265억 잔으로 1인당 연간 512잔을 마셨다고 한다. 전체 커피 시장의 규모도 11조 원을 넘어섰다. 특히 원두커피 시장이 전체 커피 시장의 67%를 차지하면서 빠르게 성장하고 있다. 요즘은 아침 출근길이나 점심시간에 한 손에 커피를 들고 다니는 사람들을 쉽게 볼 수 있다. 하지만 불과 10여 년 전만 해도 건물 곳곳에 설치된 자판기에서 빼 마시던 달짝지근한 인스턴트 커피가 우리의 주된 커피 소비문화였다.

　2000년대 초반 미국 출장길에 처음 아메리카노 커피를 접했을 때 그 쓴 커피를 설탕과 크림도 타지 않고 큰 컵에 하나 가득 채워 마치 물을 마시듯이 마시는 미국인들을 보고 놀라지 않을 수 없었다. 그 이후로도 나는 꽤 오랫동안 아메리카노 커피의 쓴맛에 적응

주요 커피 전문점 연대기(시장 진출 기준)

시장 진입 단계
(실질적 고객가치 창출)

경쟁 심화 단계
(차별적 고객가치 창출)

무한 경쟁 단계
(지속적 고객가치 창출)

시장이 형성된 지 20년이 채 안 되지만 커피 전문점 업계는 벌써 무한경쟁 시대에 돌입했다. 지금 이 순간에도 또 다른 커피 전문점이 새롭게 시장 진입을 준비하고 있을 것이며 기존의 매장들도 상권에 따라 신규 입점과 폐점을 반복하고 있을 것이다.

하지 못하고 인스턴트 커피의 애호가로 남아 있었다. 물론 지금은 온종일 아메리카노 커피를 입에 달고 사는 원두커피 애호가가 됐지만…….

우리나라에 커피 전문점이 시작된 과정을 한번 살펴보자. 1998년

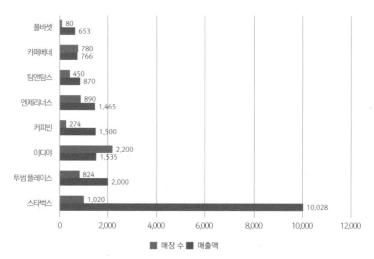

커피 전문점 매장 수와 매출 현황 (단위 : 매출은 억 원, 매장 수는 점)

- 폴바셋 80 / 653
- 카페베네 780 / 766
- 탐앤탐스 450 / 870
- 엔제리너스 890 / 1,465
- 커피빈 274 / 1,500
- 이디야 2,200 / 1,535
- 투썸플레이스 824 / 2,000
- 스타벅스 1,020 / 10,028

■ 매장 수 ■ 매출액

아직은 1세대 커피 전문점들이 매장 수와 브랜드 인지도를 강점으로 매출과 성장을 견인하고 있으나 무한경쟁 속에서 새로운 고객가치 창출 없이 이러한 경쟁 구도가 얼마나 지속할지는 불투명하다. (출처: 2016년 금감원, 한국소비자원)

6월에 할리스 커피가 강남에 첫 에스프레소 커피 전문점을 개점했고 그다음 해인 1999년에는 스타벅스가 이화여대 앞에 1호점을 개점했다. 그리고 곧이어 2000년에 1세대 커피 전문점인 커피빈, 2001년에 이디야, 2002년에는 투썸플레이스가 차례로 시장에 진입했다.

2000년대 초반까지만 해도 커피 전문점 시장은 초기 단계로 매장 숫자도 상권이 우수한 지역을 중심으로 제한적이었고 고객들 또한 원두커피를 좋아하는 일부 충성 고객들이 대부분이었다. 2000년대 중반에 와서 커피 전문점을 찾는 고객들이 늘어나면서 2004년에 탐앤탐스, 2006년에 엔제리너스, 그리고 2008년에 카페베네 등 중대형 커피 전문점들이 추가로 시장에 진입한다. 이렇게 커피 전문점 시장은 치열한 경쟁 속에서 춘추전국 시대를 맞이하게 된다.

치열한 경쟁에서 살아남기 위해 신규로 진입하는 커피 전문점들은 차별화를 시도하기 시작했다. 가성비를 내세운 빽다방이나 2003년 세계 바리스타 챔피언십WBC에서 역대 최연소 챔피언을 수상한 호주 출신의 바리스타 폴 바셋의 이름을 브랜드화한 폴바셋 등 새로운 콘셉트의 커피 전문점들이 생겨나기 시작했다. 이렇게 경쟁이 격화되었지만 지금도 많은 중소 커피 전문점들이 새롭게 시장에 진입하고 있다. 이제는 개인이 운영하는 커피숍을 포함해서 한 건물에 두세 개의 커피숍은 쉽게 찾아볼 수 있다. 경쟁이 이렇게 치열해지다 보니 한때 토종 브랜드로 빠른 성장을 거듭했던 카페베네조차도 경영난으로 어려움을 겪어 사모펀드에 넘어갔다. 1,000원짜리 아메리카노 커피를 길에서 쉽게 찾아볼 수 있듯이 커피 전문점 업계도 본격적인 가격과 서비스 전쟁에 돌입했으며 이제 누구도 생존을 장담하기 어려운 무한경쟁 시대를 맞이하고 있다.

앞으로 4~5년 후에 이 많은 커피 전문점 중 누가 살아남고 누가 사라질지는 전적으로 얼마나 차별적 고객가치를 만들어내 고객들에게 선택받을 수 있느냐에 달려 있다. 이처럼 짧은 기간에도 하나의 사업군이 시장 진입 단계부터 경쟁 심화 단계를 거쳐 고객의 요구가 고도화되는 무한경쟁 단계에 돌입하게 된다. 이렇듯 경쟁이 심화하면 그때부터는 차별적 고객가치를 지속해서 만들어내는 기업만이 생존하게 된다.

4

비즈니스 라이프 사이클과 고객가치

기업의 비즈니스 라이프 사이클은 점점 짧아지고 있으며 기존에 고객들의 사랑을 받으며 빠르게 성장하던 시장도 어느 순간 쇠퇴한다. 지속적인 가치혁신을 통해 새롭게 시장을 창출해내는 기업은 살아 남고 그렇지 못한 기업은 사라진다.

잘 알려진 바와 같이 기업의 비즈니스 라이프 사이클business life cycle은 창업부터 생존, 성장, 성숙, 쇠퇴 단계를 거치게 되며 마지막에는 지속적인 가치 혁신 활동을 통해 새로운 시장을 만들어낼 것인지 아니면 소멸할 것인지의 갈림길에 놓이게 된다. 각 기업이 몸담고 있는 산업 환경과 시장 내 경쟁강도에 따라 이 사이클의 주기는 달라지며 사업이 어떤 사이클에 놓여 있느냐에 따라 기업의 고객가치 창출 활동도 달라진다.

기업의 비즈니스 라이프 사이클과 가치 창출 활동 사이에 어떠한 상관관계가 있고 라이프 사이클 단계별로 기업이 생존을 위해

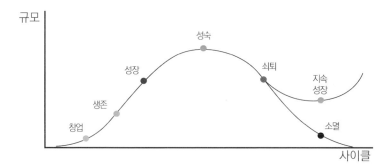

기업의 비즈니스 라이프 사이클은 창업부터 생존, 성장, 성숙, 쇠퇴 단계를 거친 후 지속성장과 소멸의 갈림길에 놓이게 된다.

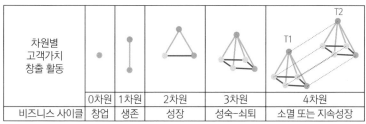

차원별 고객가치 창출 활동					
	0차원	1차원	2차원	3차원	4차원
비즈니스 사이클	창업	생존	성장	성숙-쇠퇴	소멸 또는 지속성장

기업의 비즈니스 라이프 사이클과 고객가치 창출 활동의 차원 변화

어떠한 가치 창출 활동을 해야 하는지에 대해서 좀 더 자세히 짚어 보자. 앞서 설명한 기업의 3단계 고객가치 창출활동은 기업과 고객 그리고 경쟁자 간의 상호작용 여부와 그 강도에 따라 0차원부터 4차원까지 그 차원을 달리한다.

0차원의 고객가치 창출 활동

0차원의 고객가치 창출 활동은 특히 기술과 산업의 변환기에 많이 일어난다. 기술의 발전에 힘입어 많은 스타트업들이 고객을 의식하지 않고 아이디어 기반의 창의적인 고객가치 창출 활동을 하게 된다. 1990년대 중 후반 인터넷 혁명의 바람을 타고 많은 닷컴

0차원의 고객가치 창출 활동

- 자기역량, 아이디어 기반
- 창의적 고객가치 창출
- 초기 스타트업

기업은 고객과의 연결고리 없이 독립적인 개체(점)로 가치 창출 활동을 한다.

기업들이 시장에 진출을 하였으며 구글, 넷플릭스, 아마존 등이 이렇게 탄생한 대표적인 기업들이다. 이들은 인터넷 검색과 온라인 스트리밍 서비스 그리고 온라인 쇼핑이라는 새로운 비즈니스 모델들을 시장에 선보였다. 사업 초기에는 이러한 신사업들의 잠재력을 평가하기가 쉽지 않았으며 개별 기업들에 대한 시장의 평가 또한 매우 회의적이었다. 그 당시 누구도 이들의 성공 가능성을 점치기 어려웠을 것이다. 물론 성공한 기업들만 보면 이러한 0차원의 고객가치 활동이 매우 창의적이고 매력적으로 보일지도 모른다. 하지만 매년 수많은 스타트업들이 그들만의 창의적인 아이디어를 가지고 시장에 진입하지만 대부분이 자리를 못 잡고 사라진다. 0차원의 고객가치 창출 활동이 가지는 사업적 리스크가 얼마나 큰지 짐작할 수 있을 것이다.

1차원의 고객가치 창출 활동(실질적 고객가치 창출)

고객의 니즈와 무관한 독창적인 아이디어 기반의 고객가치 창출 활동을 하던 초기 스타트업 기업들은 자신들이 제안하는 고객가치를 찾는 고객들이 누구인가를 인지하게 된다. 이때부터 기업과 고

1차원의 고객가치 창출 활동

- 고객의 잠재 니즈 기반
- 실질적 고객가치 제안

기업과 고객 사이에 고객가치라는 연결고리(선)가 생기며 기업은 고객의 니즈에 기반한 실질적인 고객가치를 제안하고 이를 통해 새로운 시장을 창출한다.

객 사이에는 고객가치라는 끈끈한 연결고리가 생긴다. 기업은 고객의 니즈가 무엇인가를 고민하게 되며 고객이 원하는 실질적 가치를 만들어내기 위해 역량을 집중하게 된다. 차량 공유 서비스를 도입하여 기존의 택시가 제공하는 전통적인 고객가치를 혁신적으로 업그레이드한 우버나 국내 차량공유 서비스 업체인 쏘카가 이러한 1차원의 고객가치 창출 활동의 좋은 예이다.

1차원의 고객가치 창출 활동은 대부분 시장 형성 초기 단계에서 이루어지기 때문에 시장 내 경쟁 강도는 미미하다. 따라서 기업이 목표 고객의 니즈에 부합하는 실질적인 고객가치를 제대로 만들어낼 수 있느냐가 성공의 핵심 요건이 된다.

2차원의 고객가치 창출 활동(차별적 고객가치 창출)

어떤 기업이 실질적인 고객가치 창출에 성공하여 새로운 시장이 형성되면 머지않아 시장에는 보다 나은 고객가치를 더 싸게 만들어내는 경쟁자가 나타난다. 이때부터 본격적인 경쟁이 시작되며 누가 더 고객관점에서 경쟁우위를 갖는 고객가치를 만들어내느냐

2차원의 고객가치 창출 활동

시장이 형성되고 경쟁자가 나타남에 따라 시장 내에 본격적으로 경쟁이 시작된다. 이때부터 기업과 고객 그리고 경쟁자는 동일한 플레이 그라운드playground 안에서 상호작용을 하게 되며 기업은 경쟁 우위 확보를 위해 실질적 고객가치의 '차별화'를 시도하게 된다.

가 성공의 핵심이 된다. 즉 기업은 기존에 제안하던 고객가치를 차별화하여 경쟁자 대비 경쟁우위를 확보해야만 한다. 차별화에 성공한 기업은 경쟁우위를 기반으로 시장 점유율을 확대하고 본격적인 성장 단계에 진입한다. 경쟁자가 나타났다는 것은 시장 규모가 매력적으로 커졌다는 것을 의미하며 시장은 승자에게 보다 많은 선물을 제공한다. 경쟁우위를 점한 기업은 기업공개를 통해서 더 많은 투자를 유치하고 이러한 자본력을 기반으로 사업 확장에 더욱 속도를 내게 된다. 온라인 영상 스트리밍 서비스 시장에서 독보적인 경쟁우위를 확보하며 시장 지배력을 키워나가고 있는 넷플릭스나 작은 인터넷 서점으로 시작해 온라인 유통의 절대강자로 자리를 잡은 아마존이 이러한 2차원의 고객가치 창출 활동의 성공사례로 꼽을 수 있겠다.

3차원의 고객가치 창출 활동(실질적 고객가치의 극차별화)

시장이 성장기를 맞이하게 되면 시장 규모가 커지고 당연히 시

3차원의 고객가치 창출 활동

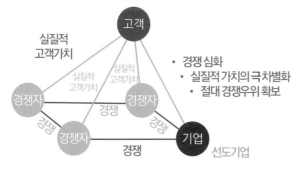

시장 규모가 커지면 자연스럽게 시장에 진입하는 경쟁자도 늘어난다. 이때부터 경쟁은 3차원으로 심화되며 생존을 위한 치열한 치킨게임이 시작된다.

장에 진입하는 경쟁자의 숫자는 늘어날 수밖에 없다. 이때부터 경쟁은 3차원으로 심화되며 생존을 위한 치열한 치킨게임이 시작된다. 이러한 경쟁을 통해 실질적 가치의 극차별화에 성공하는 기업은 시장에서 절대 경쟁우위를 확보하고 매출과 수익을 독점하며 글로벌 선도 기업으로 자리를 잡는다. 스마트폰 시장에서의 애플 그리고 반도체 시장에서의 삼성이 이러한 3차원의 고객가치 창출 활동의 대표적인 성공 기업들이다. 하지만 시장은 성숙기를 거쳐 곧 쇠퇴기에 진입할 것이며 더 이상의 지속적인 성장은 어렵게 된다. 생존을 위한 후발업체들의 추격은 계속될 것이며 머지않아 성장과 수익 모두 한계에 다다를 것이다.

4차원의 고객가치 창출 활동(지속적 고객가치 창출)

한때 시장을 선도하던 1등 기업들이 시장에서 사라지는 데는 세 가지 이유가 있다. 첫 번째는 기술과 산업의 발전이 가져오는 시장의 변화를 놓치는 것이다. 두 번째는 기존에 만들어놓은 경쟁의 틀

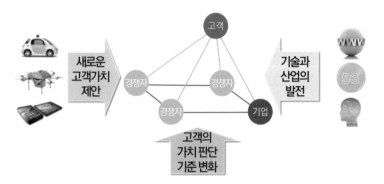

산업과 기술의 발전 그리고 새로운 비즈니스 모델의 출현으로 고객들의 가치 판단 기준은 빠르게 변한다.

에 집착하여 새로운 경쟁자가 시장에 나타나는 것을 놓친다. 새로운 경쟁자는 항상 기술과 산업의 발전을 기반으로 기존에 없던 새로운 고객가치를 제안하며 시장에 진입한다. 세 번째는 새로운 고객가치가 출현하고 경쟁구조가 바뀜에 따라 고객의 가치 판단 기

4차원의 고객가치 창출 활동(지속적 고객가치 창출)

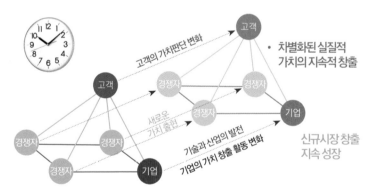

시간이 지남에 따라 기업들은 산업과 기술의 발전에 힘입어 가치 혁신 활동을 가속화하게 되며 기존에 없던 새로운 고객가치를 만들어 제안한다. 이에 따라 고객들의 가치 판단 기준 또한 빠르게 변하며 지속적인 가치혁신을 통해 새롭게 시장을 창출해내는 기업은 살아 남고 그렇지 못한 기업은 사라진다.

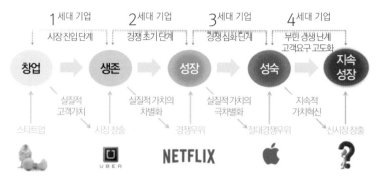

1세대 기업	2세대 기업	3세대 기업	4세대 기업
시장진입단계	경쟁초기단계	경쟁심화단계	무한 경쟁단계 고객요구 고도화

창업 ➡ 생존 ➡ 성장 ➡ 성숙 ➡ 지속성장

실질적
고객가치   실질적 가치의
차별화   실질적 가치의
극차별화   지속적
가치혁신

스타트업   시장 창출   경쟁우위   절대경쟁우위   신시장 창출

UBER   NETFLIX   🍎   ❓

기업의 비즈니스 라이프 사이클과 고객가치 창출 활동의 상호 작용

준이 빠르게 바뀌는 것을 놓친다. 영원히 함께할 것 같은 충성 고객도 순간 변심하여 우리 곁을 떠난다는 냉정한 현실을 쉽게 받아들이지 못하는 것이다. 전 세계 휴대폰 시장에서 40% 이상의 점유율을 차지하며 절대적인 선도기업의 자리를 지키던 노키아가 그렇게 사라져갔고 성공한 닷컴 기업의 상징처럼 여겨지던 야후도 신생 스타트업 구글에 그렇게 자리를 내주었다.

4차원의 고객가치 창출 활동은 정상에 섰던 기업이 모든 것을 버리고 새롭게 창업을 하는 것과도 같다. 인터넷 검색으로 출발한 구글이 무료 동영상 공유 업체인 유튜브를 인수해 콘텐츠 서비스 영역으로 사업을 확대하고 자율주행 택시 서비스를 상용화하며 가전사업에서 잔뼈가 굵은 LG와 삼성이 자동차 전장사업에 올인을 하는 것 등이 주요 선도기업들이 하고 있는 4차원의 고객가치 창출 활동의 좋은 예이다.

지금 이 순간에도 수많은 스타트업들이 성공의 꿈을 안고 시장에 발을 들여놓고 있을 것이다. 그들 중 어떤 기업이 고객이 원하는 실질적인 고객가치를 만들어 시장을 창출하고 가치 차별화를 통해 경쟁에서 살아 남으며 궁극적으로 지속적인 가치 혁신을 통하여 또다른 시장을 창출해내는가는 온전히 그들의 고객가치 창출 활동에 달려 있다.

5

실질적 가치 창출

: 고객이 가치 있다고 생각하는 것을 만들자

새로운 상품이나 서비스를 처음 선보일 때는 '실질적인 고객가치 창출'을 통해 초기 고객들로부터 신뢰를 얻는 것이 중요하다. 새로 제안하는 고객가치가 아무리 차별적이라 하더라도 고객들이 필요로 하는 '실질적인 가치'를 만들어내지 못하면 고객의 선택을 받기 어렵다.

우버

우버는 2009년 미국 캘리포니아주 샌프란시스코에서 시작된 운송 네트워크 회사로 자사 소속의 차량이나 공유 차량을 승객과 중계해 승객이 이용 요금을 내면 중간에서 수수료 이익을 얻는 차량 공유 서비스를 사업의 근간으로 한다.

2010년 6월에 처음 서비스를 시작해 채 10년도 되지 않았으나 2015년 기준 690억 달러(약 74조 원)의 기업가치를 인정받았고 12억 달러(1.3조 원)가 넘는 투자금을 유치해 에어비앤비, 샤오미와 함

우버 주요 통계자료 (2017년 기준)

7,500만 명

40억 회 이용

65개국 600여 개
도시

1일 평균 1,500만 회
택시 승차

우버의 통계자료에 의하면 2017년 기준 전 세계 65개국 600여 개 도시에서 7,500만 명이 40억 회 이상 우버 택시를 이용했으며 하루 평균 1,500만 회의 택시 승차가 이루어졌다. (출처: 우버 홈페이지)

께 대표적인 유니콘 기업으로 평가받고 있다. 2017년 기준 전 세계 65개국 600여 개 도시에서 차량공유 서비스를 제공하고 있으며 우버의 자체 통계 기준으로 2017년 한 해 동안 7,500만 명의 고객이 40억 회 이상 우버의 운송 서비스를 이용한 것으로 되어 있다.

내가 멕시코 시티에 근무할 때의 일이다. 주요 거래처 중의 하나인 미국계 창고형 할인점 코스트코와의 상담을 위해 미국 샌디에이고로 출장을 갈 일이 생겼다. 멕시코 시티에서 미국 샌디에이고로 바로 가는 직항편이 없어 멕시코 내 국경 도시인 티후아나 Tijuana로 가서 국경을 넘은 후 다시 택시로 샌디에이고 시내에 있는 호텔로 이동하는 경로였다. 영화에서처럼 사막을 지나 멕시코와 미국 사이에 있는 국경을 통과하는 별도의 과정이 험난하게 있으리라 생각했다. 그런데 티후아나 공항 내에서 미국 입국 절차를 밟고 밖으로 나오니 바로 미국 땅이었다.

공항을 나오니 여기저기서 택시 호객꾼들이 다가왔다. 이 택시들이 목적지까지 제대로 갈까 하는 걱정에 주저하다가 그동안 앱만 깔아놓고 한 번도 사용하지 않았던 우버 택시를 이용해보기로 했다. 우버 앱을 열고 지도 위에서 호텔 위치를 지정하고 나니 바로 예상 요금과 소요 시간이 표시됐고 호출 버튼을 누른 지 5분이 안 되어 깨끗한 중형 승용차 한 대가 바로 내 앞에 도착했다. 번호판과 기사 얼굴을 확인하고 택시를 타니 마치 공항에 마중 나온 친구 차를 타고 가는 듯 마음이 편안했다.

다음 날 아침 거래처 사무실로 이동할 때도 마치 기사가 딸린 개인 차량을 이용하듯 우버 택시를 이용했고 상담을 마치고 티후아나 공항으로 돌아올 때도 우버 택시를 타고 편하게 이동할 수 있었다. 앱을 깐 지 1년 만에 얼떨결에 처음 이용해본 우버 택시는 그 편리함이 만족을 넘어 감동 수준이었다. 반대로 오래전에 미국 출장 시 이용했던 공항 택시는 나에게 여러모로 불편한 기억을 남겨주었다. 길게 줄을 서서 순서를 기다려야 했고 막상 타고 나서 목적지를 이야기하고 나면 과연 기사가 짧은 내 영어를 제대로 알아들었는지, 혹시 엉뚱한 곳으로 잘못 가는 것은 아닌지 목적지에 도착할 때까지 늘 불안했다.

해외여행이나 출장을 자주 다녀본 사람이라면 아마도 비슷한 경험들을 많이 했을 것이다. 우버 택시는 이 모든 걱정과 근심을 없애버렸다. 택시가 언제 도착하는지, 기사는 누구인지, 목적지까지 시간은 얼마나 걸리는지, 요금은 얼마나 나올지 등 거의 모든 정보가 사전에 예측된다. 그래서 외국에 나가 말이 통하지 않더라도 이용에 전혀 불편함이 없다. 특히 운행기록이 실시간으로 모니터링되기 때문에 멕시코와 같이 치안이 안 좋은 도시에 사는 여성들에게는 없어서는 안 될 필수적인 운송 서비스가 되어가고 있다.

우버 홈페이지에 있는 '예상 요금 계산기' 기능을 이용하면 해외 방문지에서의 우버 요금을 사전에 쉽게 확인할 수 있다. 우버 X부터 SUV, 고급 리무진까지 다양한 종류의 차량별 요금을 미리 조회해볼 수 있다. 멕시코 국경도시 티후아나 공항에서 샌디에이고 시내까지의 요금. (출처: 우버 코리아 홈페이지)

우버가 제안하는 실질적인 고객가치들

• 카풀부터 우버 X(소형승용차), 우버 XL(중형승용차), 우버 SUV, 우버블랙(벤츠, BMW와 같은 고급승용차) 등 가격별로 다양한 차량 옵션이 있어 상황에 맞추어 차량 선택이 가능하다.

• 택시 도착 시각을 예측할 수 있으므로 마냥 기다리지 않아도 된다.

• 사용자가 택시의 차종과 기사 개인정보(사진, 평점)를 사전에 제공받아 선택할 수 있다.

• 목적지를 지도 위에서 미리 지정하고 타기 때문에 기사에게 목적지를 설명하지 않아도 된다. 즉 모든 서비스가 스마트폰의 우버 앱에서 이루어지기 때문에 말이 통하지 않아도 이용

에 전혀 불편함이 없다. 특히 언어가 다른 해외를 여행할 때 매우 편리하다.

- 예상 주행거리와 시간에 따라 요금이 미리 제시되기 때문에 비용 판단이 가능하고 바가지요금을 걱정하지 않아도 된다.
- 구글맵이 교통량을 고려해 가장 빠른 길을 안내하기 때문에 헤맬 일이 없다.
- 교통량과 시간대에 따라 합리적인 요금부과를 한다. 요금에 불만을 느끼는 고객은 많지 않다.
- 요금이 신용카드에서 자동결제되기 때문에 환전이나 현금이 필요 없으며 팁 때문에 기사와 승강이를 벌이지 않아도 된다.
- 탑승부터 하차까지 택시 이용 과정이 모두 모니터링되기 때문에 이용자가 안전하게 이용할 수 있다. 특히 초행길을 가는 여성들의 안전에 대한 걱정을 덜어준다.
- 이용 후에 서비스에 대해서 평가할 수 있다. 이 평가는 다음 이용 고객에게 중요한 정보가 된다. 기사는 좋은 평가를 받기 위해 나름 최상의 서비스를 제공하기 위해서 노력한다.

이렇듯 사용자에게 많은 편리함을 제공하는 우버 택시이지만 미국 이외의 시장에서 사업을 확장해나가는 과정은 그리 순탄치만은 않은 것 같다. 이미 여러 도시에서 우버의 영업 행위를 불법으로 규정하고 우버 서비스를 불허하거나 법적인 소송이 진행 중이다. 특히 기존 택시 회사들은 생존권을 위협하는 우버 택시의 확산을 막기 위해 법정 투쟁도 불사하고 있다. 우리나라에도 2014년 10월부터 일부 서비스를 시작했으나 여객자동차 운수사업법 이슈로 미

국토교통부는 2014년 8월 우버 서비스를 여객자동차운수사업법 위반으로 규정했다.

국과 같은 서비스는 어려운 상황이며 공항 리무진 서비스(우버 블랙) 등 법적인 이슈가 없는 테두리 내에서 제한적으로 서비스를 제공하고 있다.

우버는 서비스를 시작한 지 8년 만에 전 세계 600여 개 도시에서 1년에 약 8,000만 명에 가까운 고객이 이용할 정도로 급성장했다. 우버의 차량공유 서비스가 고객들이 원하는 실질적인 고객가치를 만들어내는 데 성공했기 때문이다. 비록 기존 사업자와의 이해관계 충돌과 현지화를 위한 법적 규제를 극복해야 하는 숙제는 안고 있으나 사용자에게 실질적인 고객가치를 제공하는 그 비즈니스 모델의 혁신성은 높이 평가하고 싶다.

실질적 가치 창출의 딜레마

리프트

스타트업 기업인 우버의 성공사례는 아직도 진행형이다. 하지

리프트의 상징인 분홍색 콧수염을 전면에 부착한 리프트 택시들. 시장 진입 초기에 손님들이 호출한 택시를 쉽게 발견할 수 있도록 차 전면에 부착했으나 최근에는 전자식 대시보드로 변경했다. (출처: www.inc.com)

만 어느새 한편에서는 우버의 경쟁자 리프트Lyft가 빠르게 성장하고 있다. 2007년 SNS를 이용한 대학 캠퍼스 내 카풀 서비스로 시작한 짐라이드Zimride는 2012년 리프트로 사명을 바꾸고 본격적으로 모바일 앱 기반의 도심형 차량 공유 서비스 시장에 뛰어들게 된다. 우버보다 3년 늦게 유사 서비스를 시작한 리프트는 아직은 미국 시장에 집중하고 있지만 최근 그 성장 속도가 만만치 않다. 2017년 말 기준 이미 미국 전체 인구의 95%에게 서비스를 제공할 수 있는 인프라를 구축했으며 2017년 매출액도 2016년 대비 세 배 이상 성장했다. 빠른 성장세와 함께 외부로부터의 투자 유치액도 천문학적으로 늘고 있다. 2017년에는 캐나다 공무원 연금을 포함한 투자 그룹에서 6억 달러(약 6,600억 원), 구글의 지주회사인 알파벳의 스타트업 투자 기금에서 10억 달러(약 1.1조 원) 등 대규모 외부 투자 유치를 성공적으로 진행했다.

우버는 전동스쿠터 스타트업인 '라임'과 손잡고 우버앱을 통해서 '라임'의 전동스쿠터를 빌려 탈 수 있는 새로운 서비스를 발표하는 등 서비스 다양화를 본격적으로 추진하고 있다.

　물론 우버의 기업가치 74조 원에는 한참 못 미치지만 잇따른 투자 유치를 통해 리프트의 기업가치도 2017년 기준 12조 원 이상으로 올라갔다. 리프트의 차량 공유 서비스는 이용하는 승객뿐만 아니라 운전자 입장에서도 우버와 거의 차이가 없어 보인다. 하지만 리프트는 나름대로 우버와 차별화를 위해 많은 노력을 하고 있다. 승객과 운전자 간의 친밀감을 유도해 고객들이 좀 더 편안한 마음으로 서비스를 이용하도록 배려하는 한편 승객의 안전을 강화하기 위해 평점 제도를 강화하고 운전기사의 검증에도 좀 더 세심한 노력을 들이고 있다고 한다. 고객 입장에서 보면 유사한 서비스를 제공하는 기업이 많아진다는 것은 그만큼 경생을 불러 일으켜 가격을 낮추고 서비스의 질을 개선하는 효과가 있으므로 굳이 마다할 이유는 없다.

　우버와 리프트의 사례에서 볼 수 있듯이 비록 시장 진입 초기에

우버는 데카콘(기업 가치 10조 원 이상 스타트업) 1위 기업이다. 최근에는 항공택시 공유 서비스를 개발하고 있다. 우버 항공택시를 타고 내릴 수 있는 스카이 포트 콘셉트 이미지

의미 있는 실질적 고객가치를 만들어내 차별적인 시장 지위를 확보한다 하더라도 이 고객가치는 오래지 않아 후발주자에 의해서 더 값싸고 더 훌륭하게 모방이 된다. 따라서 비록 선두 업체라 하더라도 새로운 고객가치를 창출해내지 않으면 언제든지 경쟁에서 도태되고 시장에서 사라지는 것이 우리가 몸담은 시장의 현실이다.

우버도 이러한 변화를 누구보다도 잘 알고 있기에 최근에는 미국의 전동스쿠터 스타트업인 '라임'과 손잡고 우버앱을 통해서 '라임'의 전동스쿠터를 빌려 탈 수 있는 새로운 서비스를 발표하는 등 서비스 다양화를 본격적으로 추진하고 있다. 나아가 미래 운송 서비스의 혁신을 가져올 자율주행 택시나 드론 항공택시 등 새로운 고객가치 창출에 수년째 엄청난 투자를 지속하면서 미래사업을 착실히 준비해나가고 있다.

6

차별적 가치 창출
: '그냥 다르다'가 아닌 '가치 있게' 달라야 한다

차별화란 경쟁사보다 '나은' 고객가치를 경쟁사와 '다르게' 만들어내는 것이며 단순히 경쟁사와 '다른' 고객가치를 만드는 것을 의미하지는 않는다. 많은 기업이 '다름'만을 추구하다가 '나음'이라는 실질적 고객가치를 놓치고 경쟁에서 도태된다.

초기 시장에서 '실질적인 고객가치 창출'을 통해 고객들로부터 신뢰를 얻었다 하더라도 오래지 않아 시장에는 비슷한 수준 또는 더 나은 고객가치를 제공하는 경쟁자들이 나타난다. 이때부터는 '실질적 고객가치의 차별화'가 경쟁에서 살아남는 핵심요건이 된다. 1990년대 후반 닷컴버블 붐을 타고 수많은 벤처 기업들이 시장에 진입했지만 살아남은 기업은 많지 않다. 그중에서 구글, 아마존, 넷플릭스는 닷컴버블 붕괴의 격량 속에서도 차별화된 고객가치 창출을 통해 위기를 기회로 만든 대표적인 IT 기업들이다. 이세 기업의 고객가치 철학은 무엇이고 어떻게 실질적이면서도 차별

1998년 창업 초기 차고 사무실의 구글 창업자들. 왼쪽이 래리 페이지이고 오른쪽이 세르게이 브린이다. (출처 : 구글 홈페이지)

적인 고객가치들을 만들어왔는지 한 번 살펴보자.

구글

한국에는 네이버와 다음 같은 토종 인터넷 기업들이 검색부터 지도, 음악, 동영상, 게임, 메일 등 구글 못지않은 다양한 서비스를 제공하고 있어 국내 소비자들에게 구글은 동영상 공유 사이트 유튜브, 구글검색, 그리고 스마트폰에 들어가는 안드로이드 운영체제 정도로 알려져 있다. 하지만 해외에서는 인터넷 검색 구글링Googling부터 지도 구글맵Google Maps, 동영상 공유 서비스 유튜브YouTube, G메일Gmail, 인터넷 브라우저 크롬Chrome, 언어번역 구글 트랜스레이트Google Translate, 문서작성 구글닥스Google Docs 등 일상 생활의 거의 모든 영역에 구글의 서비스가 자리잡고 있다.

구글은 인터넷 검색 사업이 모태가 된 IT 기업으로 2000년대 초 중반까지 인터넷 포털 서비스의 절대 강자였던 닷컴 1세대 기업

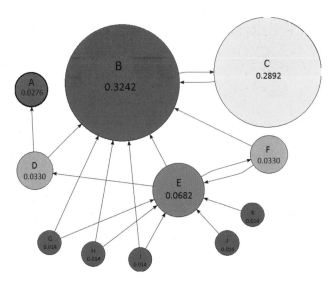

구글의 검색 알고리즘인 페이지랭크 개념도. 더 중요한 페이지는 더 많은 사이트로 부터 링크되며 이 링크의 가중치를 계산해 각 페이지의 페이지랭크값을 산출한다.

야후를 몰락시키며 창립 20년 만에 전 세계에서 가장 영향력이 있는 인터넷 서비스 기업으로 성장했다.

1990년대 후반 세르게이 브린과 래리 페이지는 인터넷 사용자가 증가함에 따라 온라인상의 정보량 또한 급속히 증가할 것으로 예상했고 어떻게 하면 그 많은 데이터를 효과적으로 분류해 사용자가 원하는 정보를 빠르고 정확하게 제공할 수 있을까를 고민하다가 페이지랭크PageRank라는 독창적인 검색 알고리즘을 개발하게 된다. 당시에는 이미 웹디렉토리 중심이기는 하나 야후 검색 서비스가 시장에서 50%에 가까운 점유율을 가지고 있었고 검색 속도를 우려할 정도로 인터넷 검색 사용자와 데이터 양이 많지 않던 시절이다. 그래서 페이지랭크 알고리즘의 기술적인 혁신성에도 불구하고 그 가치를 인정해주는 사람은 많지 않았다. 하지만 인터넷 사용자의 증가에 따라 오래지 않아 검색은 인터넷 서비스에서 없어서는 안 될 핵심 서비스가 되었다. 결국 야후조차도 검색 서비스 개선을 위해서 구글의 검색 엔진을 빌려 쓰게 된다.

창업 초기에 검색 엔진만을 가지고 수익 모델을 만드는 일은 쉽지 않았다. 특히 당시 야후가 웹페이지 내 과도한 광고로 사용자들의 비판을 받고 있던 터라 세르게이 브린과 래리 페이지는 무분별한 광고 도입으로 구글이 돈을 쫓는다는 인상을 주고 싶지 않았다. 구글은 결국 사용자에게 노출되는 직접 광고를 최소화하면서 광고주에게는 광고가 노출된 실적만큼만 광고비를 부담시키는, 검색 키워드와 클릭 수 기반의 새로운 광고 플랫폼을 만드는 데 성공한다. 검색 광고가 지금까지도 구글 수익의 원천이 되고 있지만 이 독창적인 광고 플랫폼 덕분에 놀랍게도 구글 검색창이나 검색 화면에는 광고가 보이지 않는다.

광고 플랫폼 사례에서 볼 수 있듯이 구글 창업자들은 창업 초기부터 줄곧 '돈을 쫓기 위해서 사용자의 이익을 해쳐서는 안 된다'는 신념에 거의 광적으로 집착했다. 이러한 신념은 구글이 인터넷 검색 서비스로 출발해 오늘의 거대한 구글 왕국을 만드는 데 지대한 영향을 끼치게 된다. 구글은 이 정신에서 출발하여 새로운 플랫폼을 제안할 때 전 세계 개발자들 누구나 손쉽게 활용할 수 있도록 철저히 개방형 플랫폼 원칙을 지키고 있다. 이 덕분에 전 세계 스마트폰의 80% 이상이 구글의 안드로이드 운영체제를 사용하고 있나. 우버를 포함해 수많은 스타트업 기업들이 구글 지도인 구글맵을 이용해 새로운 인터넷 서비스를 만들어내고 있다. 최근에 유튜브가 유튜브 프리미엄이라는 유료 서비스를 도입하긴 했지만 일반 사용자가 구글의 서비스를 이용하기 위해서 비용을 지불하는 경우는 극히 드물다.

이러한 구글의 사용자 및 파트너 중심의 개방형 정책은 짧은 시간 안에 엄청난 우군을 만들어냈다. 이렇게 늘어난 사용자 기반은 앞으로 빅테이터 및 인공지능과 맞물려 새로운 고객가치를 만들어내는 데 핵심적인 역할을 할 것이다.

구글이 제안하고 있는 차별적 고객가치들

• 구글 검색

검색 엔진의 경쟁력은 사용자가 원하는 검색결과를 얼마나 빠르고 정확하게 제공하느냐에 달려 있다. 구글은 페이지랭크라는 독창적인 검색 알고리즘을 사용해 접속 빈도가 잦고 연관성이 높은 링크를 상위에 노출하고 그 검색 히스토리를 지속해서 관리해 검색결과에 대한 신뢰성을 계속 개선해나가고 있다. 또한 링크를 활용해 웹페이지의 '페이지랭크'를 빠르게 계산해주는 맵을 만들어 검색 속도를 높이고 있다. 축적된 데이터의 양이 증가함에 따라 검색 서비스의 질적 수준 또한 계속 업그레이드된다. 이러한 빅데이터는 후발주자의 진입을 어렵게 하는 구글만의 독점적인 자산이 될 것이다.

• 개방형 플랫폼인 안드로이드 모바일 운영체제

시장조사업체 가트너의 2017년 1분기 자료에 의하면 안드로이드 모바일 운영체제는 전체 모바일 운영체제 시장에서 86%의 점유율을 차지하고 있다. 애플의 iOS가 14%의 점유율로 그 뒤를 잇고 있다. 물론 애플의 아이폰이 스마트폰 시대를 여는 개척자 역할을 했다. 하지만 지금과 같이 높은 스마트폰 보급률을 가능하게 한데는 운영 플랫폼을 개방해 누구나 쉽게 스마트폰을 만들 수 있도록 한 안드로이드 운영체제의 역할이 컸다.

구글은 지금까지도 이 개방형 정책을 고수하고 있으며 여기에는 가치의 공유를 통해 많은 기업과 개발자들이 자유롭게 생태계를 만들고 확장해나갈 수 있도록 하는 구글의 창업 정신이 반영돼 있다.

• 구글맵

우리나라에는 T맵, 네이버 지도, 카카오 맵 등 국내 통신사와 인터넷 포털업체들이 제공하는 지도 서비스가 워낙 잘 갖춰져 있다. 굳이 구글맵을 사용하지 않아도 불편함이 없다. 하지만 지도 서비스가 일반화되지 않았던 시절에 전 세계 도로망을 망라하는 지도 서비스를 앱 형태로 제공한다는 것은 획기적인 시도였다. 그 덕분에 해외에서는 우버나 에어비앤비 같은 지도 기반의 다양한 비즈니스 모델이 탄생할 수 있었다.

지금도 해외로 출장을 가거나 여행을 할 때면 대부분의 해외 도시에서 한글로 제공하는 구글맵을 사용할 수 있다. 골목 골목에 숨어 있는 맛집을 찾거나 주요 명소 관련 정보를 얻고자 할 때 매우 유용하게 사용된다.

• 유튜브

유튜브는 구글이 제공하는 다양한 서비스 중 국내 소비자들이

한국어로 제작된 싸이의 「강남 스타일」 뮤직비디오가 유튜브에서 32억 건이 넘는 조회 수를 기록하며 전 세계에 '강남 스타일 신드롬'을 만들 수 있었던 것도 또 최근 방탄소년단의 세계적인 인기몰이도 물론 언어의 장벽이 거의 없는 뮤직비디오 자체의 특성도 있지만, 전 세계 어디에서 누구나 쉽게 접근해 이용할 수 있도록 한 유튜브의 세계화된 플랫폼이 한몫하고 있다.

가장 애용하는 서비스일 것이다. 이제는 실시간 방송부터 교육, 음악, 영화, 일상적인 생활 정보에 이르기까지 거의 만능 엔터테인먼트 채널 역할을 하고 있다. K-팝을 전 세계에 알린 것처럼 국가 간

문화의 벽을 허물고 각 개인에게 스스로 뭔가를 배울 수 있는 교육의 기회를 제공하며 자기표현을 통한 창작의 기회를 공평하게 만들어주었다는 것만으로도 유튜브가 제공하는 차별적인 고객가치를 높이 평가하고 싶다.

물론 최근에는 사용자들의 관심을 끌기 위한 극단적이고 자극적인 유튜버들의 일부 영상이 사회적인 문제가 되기도 한다. 하지만 그 순기능을 지속 발전시킨다면 인류 역사에 의미 있는 문화적 공헌을 하는 수단으로 평가를 받을 수 있을 것이다.

구글의 성공 요인을 하나 더 꼽는다면 실패를 두려워하지 않는 실험정신을 이야기할 수 있겠다. 구글은 애플과 달리 플랫폼 중심의 사업을 하다 보니 독자적으로 제품을 개발해 생산과 판매까지 하는 경우는 드물다. 하드웨어 개발이나 생산은 한국 업체를 포함하여 주요 IT 업체들과 공동으로 프로젝트를 진행하는 경우가 많다. 넥서스 폰을 포함해 일부 기술 프로젝트를 구글과 함께 진행하면서 경험해본 바 구글은 미국의 어느 IT 기업보다 더 실험정신이 강하고 모험을 즐기는 회사 중의 하나이다. 물론 의욕적으로 시작했다가 시장에 빛을 보지 못하고 중간에 사라지는 프로젝트들도 많이 있다. 그런데도 많은 전문 인력과 적지 않은 비용을 끊임없이 투입해 새로운 프로젝트팀을 가동해나간다.

일반 기업에는 이러한 과정의 반복이 상당히 고통스러운 일일 것이다. 하지만 구글은 아주 자연스럽게 실패와 새로운 시도를 반복하며 다양한 실험을 통해서 미래를 위한 새로운 고객가치를 발굴해나가고 있다. 그 덕분에 소규모의 인터넷 검색 사업으로 출발

구글의 인공지능 알파고

2016년 3월 이세돌 9단과의 바둑 대국으로 유명해진 알파고를 다들 기억할 것이다. 알파고는 구글의 딥마인드에서 개발한 바둑 인공지능 프로그램이다. 딥러닝 기능을 갖추고 있어 스스로 배우고 이를 통해서 스스로 진화를 해나간다고 한다. (출처: unist.ac.kr)

해 이제는 스마트홈, 인공지능, 자율주행 분야에서 선두를 달리고 있다. 특히 인공지능과 자율주행 영역은 구글의 모 회사인 알파벳이 그룹 차원에서 전략적 투자를 집중하고 있어 조만간 구체적인 성과가 나올 것으로 기대해본다.

구글의 인공지능 프로젝트: 알파고와 듀플렉스

이세돌 9단과의 바둑 대국으로 유명해진 알파고를 통해서 이미 인공지능 분야의 선두 기업으로 자리매김을 한 바 있는 구글이 지난 2018년 I/O 콘퍼런스에서는 한층 업그레이드된 인공지능 플랫폼 '듀플렉스'를 발표했다. 구글 듀플렉스는 인공지능 기술을 기반으로 사용자를 대신하여 식당이나 매장에 전화를 걸어 예약하거나 다양한 과제들을 마치 인간이 하듯이 수행할 수 있다고 한다. 이러한 인공지능 기술의 발전은 인간의 삶을 더욱 풍요롭게 만들 것으

Hi, how can I help?

Google Assistant

구글 듀플렉스는 인공지능 기술을 기반으로 사용자를 대신하여 식당이나 매장에 전화를 걸어 예약하거나 다양한 과제들을 마치 인간이 하듯이 수행할 수 있다.

로 기대하고 있다. 하지만 한편에서는 우려의 목소리도 크다. 수많은 일자리가 인공지능에 의해서 대체될 것이며 인간의 한계를 뛰어넘어 인간을 지배하는 인공지능 시대가 올지도 모른다는 우려감이 커지는 것도 사실이다.

구글의 자율주행 자동차 프로젝트: 웨이모

구글의 모회사 알파벳의 자율주행 서비스 자회사인 웨이모는 복잡한 도심지역에서 2018년 10월까지 누적으로 1,600만 킬로미터 이상의 시험주행을 마쳤다. 지금 이 순간에도 매주 4만 킬로미터 이상의 새로운 도로를 자율주행으로 테스트하고 있다고 한다. 웨이모는 렉서스 SUV와 작은 딱정벌레 모양의 프로토타입 자동차 등 다양한 자율 주행 테스트 차량을 사용해왔다. 현재는 크라이슬러의 미니밴 퍼시피카를 600대 이상 투입하여 미국 주요 도시에서 시험 운행을 하고 있다.

실제로 일반인에게 이 자율주행차를 대여하고 보조 운전자 없이

2018년 12월 6일 구글의 모회사 알파벳의 자율주행 서비스 자회사인 웨이모가 공식적으로 자율주행택시 상용 서비스를 시작했다.

완전 자율 주행 모드로 승객을 태우고 이동하는 등 실생활에 근접한 다양한 테스트를 진행하고 있다. 최근에는 이러한 자율주행 프로젝트를 가속화하기 위해 재규어의 신형 전기 SUV인 아이페이스에 웨이모의 자율주행 시스템을 탑재하고 자율 주행 테스트를 진행하고 있으며 앞으로 2만 대 이상의 무인 택시를 신규로 시장에 투입할 계획이라고 한다.

아마존

애플, 구글, 아마존 등 미국의 주요 IT 기업들은 2018년에 들어서도 주기 상승에 힘입이 시가총액을 계속 늘려나가고 있다. 누가 제일 먼저 시가총액 1조 달러 기업이 되느냐가 미국 증권가인 월스트리트의 초미의 관심사였다. 결국 2018년 8월 애플이 글로벌 기업으로서는 처음으로 시가총액 1조 달러에 터치 다운을 했고 연초부터 구글을 제치고 2위로 올라선 아마존 또한 곧이어 시가총액 1조 달러 클럽에 가입을 했다.

아마존은 월스트리트 증권가의 잘나가던 헤지펀드 회사 임원이었던 제프 베조스가 닷컴버블이 한창이던 1994년에 30세의 젊은 나이에 설립한 온라인 전자상거래 기업이다. 제프 베조스는 1990년대 초반 잘나가던 헤지펀드 회사를 그만두고 온라인 서점이라는 다소 생소한 스타트업을 창업하기로 한 배경에 대해서 한 토크쇼에 나와 이렇게 이야기를 한다.

"잘나가던 증권 회사를 그만두고 미래가 불확실한 스타트업을 해야겠다고 마음먹었을 때 사실 가족과 나 자신을 어떻게 설득시킬지 많은 고민을 했다. 그때 내가 생각한 것이 '후회 최소화 원칙regret-minimization framework'이었다. 나중에 내가 80세가 되어 살아온 인생을 되돌아볼 때 내게 새로운 인터넷 사업 기회가 왔을 때 비록 '실패를 하더라도 시도를 해본 것'과 '시도조차 안 해본 것' 중 어느 것이 더 후회스러울 것인가에 대해서 고민했고 실패하더라도 시도해보는 것이 나중에 덜 후회스러울 것이라는 결론을 내렸다. 그래서 과감하게 증권 회사를 그만두고 인터넷 서점을 시작하게 됐다."

스타트업을 고민하고 있거나 이제 막 새로운 사업을 시작한 많은 예비 사업가들도 24년 전의 제프 베조스와 똑같은 마음이리라 생각한다. 그는 1990년대 초반 인터넷 인프라가 빠르게 갖추어지는 것을 보며 온라인 상거래의 무한한 가능성을 예감하고는 1995년 서적과 음반 등을 판매하는 소규모 온라인 서점인 아마존닷컴을 만들었다. 그리고 불과 20여 년 만에 4억 개가 넘는 다양한 품목을 전 세계 소비자에게 공급하는 세계적인 온라인 유통기업으로

아마존의 고객 집착 경영철학

자기 집착

내부 역량에 집착
성공 체험의 반복에 집중

경쟁자 집착

단기 성과에 집착
경쟁 우위 확보에 집중

고객 집착

미래 성장에 집착
지속적인 가치 혁신에 집중

자리를 잡았다.

많은 성공한 기업이 그러하듯이 아마존의 성공 배경에는 역시 창업자 제프 베조스의 고객가치에 대한 강한 신념이 자리잡고 있다. 아마존에는 네 가지 경영 원칙이 있다. 그 첫 번째 원칙이 '고객 집착customer obsession'이다. 사실 여러 기업에서 '고객가치 창출'을 최우선 경영 과제로 내세우며 '고객 중심'이라는 표현을 쓰고 있으나 '고객 집착'이라는 다소 과격하게조차 느껴지는 표현을 쓰는 곳은 아마존밖에 없지 않나 싶다. 그만큼 창업자 제프 베조스의 고객가치에 대한 완벽주의적인 집착은 강하다. 그리고 이러한 '고객가치에 대한 집착'은 아마존의 모든 사업 운영과 조직 관리의 가장 기본적인 규범이 되고 있다.

'경쟁자가 무엇을 하는지 신경 쓰지 말고 우직하게 고객가치 혁신에 집착하라Customer Obsession rather than Competitor Focus.' '베

아마존의 고객 집착을 위한 빅데이터 활용

추천 강화			
상품 강화	**빅데이터 활용**		신상품 개발
AS 강화	(사용자 경험 개선)		생산성 강화
업무 개선			속도 강화
			비용 절감

빅데이터 분석

빅데이터 수집

| 구매이력 | 행동이력
데이터 | 음성 데이터
이미지 데이터 | 얼굴인식
데이터 | 위치정보
데이터 |
| 전자상거래 | 킨들 | 아마존
알렉사 | 아마존고 | 홀푸드 |

아마존의 전자상거래 사이트, 킨들, 아마존 에코, 아마존 알렉사, 아마존고, 홀푸드 등은 모두 고객에 대한 빅데이터 수집 장치이다. 아마존은 고객 빅데이터를 통해 고객가치 창출에 앞서나가고 있다. (출처: 다나카 미치아키, 『아마존 미래전략 2022』 중 재편집)

스트 서비스는 서비스가 필요 없을 정도로 완벽한 품질의 서비스를 제공함으로써 서비스의 필요성 자체를 없애는 것이다Best Service is No Service.'라는 문구들은 아마존의 '고객가치에 대한 집착'이 얼마나 진지한지를 잘 설명해주고 있다.

아마존은 이러한 운영 원칙에 따라 최고의 고객 경험을 제공하기 위한 프로세스 혁신을 지속해서 추진하고 있으며 '고객이 원하는 제품을 고객이 원하는 가격으로 고객이 원하는 시점에 공급한다.'라는 가장 실질적인 고객가치 창출을 지향하고 있다. '아마존 프라임' 서비스는 이러한 아마존의 '고객 집착' 원칙이 잘 반영된 대표적인 고객 서비스 중의 하나이다.

아마존 프라임 서비스

무료 익일배송 · 영화와 TV스트리밍 이용 · 수천 종의 킨들 책 이용

(출처: 아마존)

아마존 프라임 서비스

아마존 CEO 제프 베조스는 2018년 주주에게 보내는 편지에서 아마존 프라임 서비스에 가입한 유료 회원이 1억 명을 넘어섰다고 발표했다. 이는 미국 가정의 50% 이상이 이 서비스를 이용하고 있다는 것을 의미하며 미국의 전자상거래 서비스가 사실상 '아마존 프라임 서비스'로 통합되어 가고 있음을 보여준다.

아마존 프라임 서비스는 연회비 119달러에 무료 익일 특급배송과 함께 영화, TV 시리즈, 음악, 게임, 전자북 등의 다양한 콘텐츠를 무료로 제공하는 회원제 서비스이다. 최근 JP모건은 아마존 프라임 서비스의 가치를 784달러(한화 약 83만 원) 이상으로 평가했다. 이렇게 시장에서 연회비 이상의 지불 가치가 있는 유료 서비스로 평가를 받으며 아마존 프라임 서비스의 가입자 수는 1억 명을 넘어 계속 증가하고 있다.

• 무료 특급 배송
- 1억 개가 넘는 품목에 대해서 미국 전역에 48시간 이내 무료

아마존은 2017년에 미 전역에 470여 개 매장을 둔 유기농 식료품 체인인 홀푸드마켓을 인수했다. 온라인과 오프라인을 연결하는 새로운 O2O 전략의 도입이 예상된다.

배송
- 100만 개가 넘는 품목에 대해서 미국 주요 8,000개 도시에 당일 또는 24시간 무료 배송
- 주요 생필품에 대해서 뉴욕과 LA 등 미국 내 30여 개 대도시에서 2시간 이내 무료 배송

• 무료 콘텐츠 제공
- 프라임 비디오: 주요 영화 및 오리지널 TV 시리즈 무료 시청
- 프라임 뮤직: 광고 없이 약 200만 곡의 무료 뮤직 스트리밍 서비스 제공
- 프라임 포토: 무제한 무료 사진 저장 공간 제공
- 킨들 도서 라이브러리: 매월 한 권의 전자책을 무료로 다운로드 받을 수 있음
- 오디블 채널: 광고 없이 약 50개의 팟캐스트를 들을 수 있음
- 트위치 프라임: 게이머들을 위한 무료 스트리밍 서비스 제공

아마존의 무인 슈퍼 마켓 아마존고 (출처: 위키피디아)

 아마존은 온라인 유통에서의 성공을 오프라인 매장으로 확대하려는 시도를 함께하고 있다. 그래서 2017년에는 미국 최대 유기농식품 슈퍼마켓인 홀푸드마켓을 137억 달러(15조 6,180억 원)에 인수했다. 아마존이 홀푸드마켓을 인수함에 따라 시장에서는 온오프라인 경계를 무너뜨리는 새로운 유통 혁신이 곧 시작될 것이라는 예측을 하기도 했다.

아마존의 무인 슈퍼마켓 아마존고

 아니나 다를까 2018년 1월 아마존은 그동안 실험적으로 준비해온 무인 슈퍼마켓 아마존고 1호 매장을 시애틀에 오픈한다. 물론 아마존고가 홀푸드마켓의 인수와 직접 연계되지는 않았을 것이다. 아마존이 아마존고를 통해 새롭게 제안한 고객가치는 '만약에 아마존이 슈퍼마켓을 운영한다면 어떤 모습일까?'에 대한 우리들의 궁금증을 잘 설명해준다. 아마존고는 '계산하려고 줄을 서지 않아도 된다No Lines, No Checkout.'라는 쇼핑의 편리함을 차별적 고객가치로 내세우고 있다. 매장에 들어설 때 스마트폰용 아마존고 앱을 실행시키고 원하는 물건을 들고 나오기만 하면 된다. 고객이 쇼핑하는 동안 자율주행 센서가 부착된 원형 카메라가 쇼핑 고객의 동선을 따라다니면서 구매목록을 확인한다.

고객이 제품을 진열대에 들어올리는 순간 가상의 장바구니에 등록되고 내려놓으면 다시 지워지게 된다. 카메라와 센서를 통해 고객이 진열대에서 제품을 들어올리는 동작을 인식한다. 쇼핑을 마친 고객이 매장을 나가면 앱에 등록된 신용카드로 자동 결제되며 영수증은 고객의 아마존 계정으로 자동 발송이 된다. 컴퓨터 비전, 머신러닝, 센서퓨전, 인공지능 그리고 자율주행차에 적용된 저스트 워크아웃 테크놀러지 기술Just Walk Out Technology 등이 이 무인 매장에 적용됐다.

인공지능 플랫폼 알렉사와 아마존 에코

한편 아마존은 온오프라인 쇼핑을 떠나 고객들의 일상적인 삶을 어떻게 하면 좀 더 편리하게 해줄 수 있을 것인가에 대해 고민하기 시작했다. 그리고 이를 위해 자가 학습 기능을 갖춘 인공지능 플랫폼 알렉사와 이 플랫폼을 기반으로 인공지능 개인 비서 서비스를 제공하는 음성인식 스피커 아마존 에코를 출시했다. 이미 여러 IT 기업에서 인공지능 기반의 음성 인식 스피커를 시장에 내놓고 있지만 서비스의 다양성과 활용도 측면에서 아마존 에코만큼 긍정적인 평가를 받는 제품은 아직 없는 것 같다.

아마존은 2014년에 자체 개발한 인공지능 음성비서인 '알렉사'를 탑재한 음성인식 인공지능 스피커인 '아마존 에코'를 출시했다.

• 알렉사와 아마존 에코

알렉사는 아마존이 개발한 인공지능 기반의 서비스 플랫폼이고 아마존 에코는 사용자와 알렉사를 연결해주는 음성 인식 스피커이다. 사용자는 이 무선 스피커를 사용해 음성으로 음악 재생, 전화 걸기, 생활 정보 검색, 약속 알람, TV, 에어컨 등 집안에 있는 다양한 기기의 컨트롤이 가능하며 더 나아가 음성만으로 바로 필요한 상품을 주문할 수도 있다. 현재까지 상용화된 인공지능 스피커 중에서 사용자의 실질적인 활용도가 가장 높은 제품으로 평가를 받고 있다.

(아마존 에코의 사용 예)

"알렉사, 내일 날씨는?" "알렉사, 10분 후에 깨워줘." "알렉사, 오늘 출근길 교통량은?" "알렉사, 휴지가 떨어졌는데 주문 좀 해줘."

"알렉사, 오늘 일정이 어떻게 되지?" "알렉사, 에어컨 좀 켜줘." "알렉사, 불 좀 켜줄래?" "알렉사, 엄마한테 전화 좀 걸어줄래?" "알렉사, 우버 택시 좀 불러줄래?" 등 다양한 개인 비서 서비스가 가능하며 자가 학습 기능이 있어 사용하면 할수록 인식률과 서비스 대응 정확도가 올라간다.

고객에게 최고의 쇼핑 경험(베스트 가격, 다양한 품목, 빠른 배송)을 제공하겠다는 아마존 CEO 제프 베조스의 '고객가치에 대한 집착'은 이제 서서히 그 성과가 가시화되기 시작했다. 고객가치 혁신을 위한 아마존의 끊임없는 도전과 새로운 시도는 인공지능, 머신러닝, 자율주행 등 21세기 최첨단 기술과 어우러져 지금까지 우리가 전혀 경험하지 못한 새로운 사용자 경험을 지속해서 제안해낼 것이다.

넷플릭스

2000년대 후반까지만 해도 한국에는 동네마다 개인이 운영하는 비디오 가게가 있어 아이가 좋아하는 만화영화부터 최신 개봉 영화까지 하루가 멀다 하고 비디오를 빌려다 보는 것이 일상이었다. 신작의 경우 대여기간이 1박 2일밖에 되지 않아 빨리 반납하라는 가게 주인의 독촉 전화를 피해 다니던 기억이 난다.

내가 1990년대 후반 영국에서 가전 담당 마케팅 매니저로 근무할 때의 일이다. DVD 플레이어가 시장에 출시되자 AV 기기 제조업계와 DVD 음반업계 모두 기존의 VTR과 비디오테이프를 빠르게 저비용의 DVD로 전환하는 미션을 가지고 시장 개척에 나섰다. 하지만 이미 가정마다 수십 개의 비디오 테이프를 보관하고

1985년에 설립된 블록버스터는 영국뿐만 아니라 본사가 있던 미국을 포함해 전 세계 25개국에서 9,000여 개의 매장을 운영하고 있었으며 2000년대 중반까지 비디오 대여 시장에서 거의 독점적인 시장 지배력을 가지고 있었다. 그러나 온라인 스트리밍 서비스에 제때 대응하지 못해 2013년 결국 파산하고 만다.

있고 500달러가 넘는 DVD 플레이어를 새로 구입해야 한다는 부담 때문에 초기 시장 개척은 생각처럼 쉽지 않았다. 나는 고민 끝에 당시 영국 비디오 대여 시장을 독점하고 있던 블록버스터를 찾아가 블록버스터 매장에서 자사의 DVD 플레이어와 블록버스터의 DVD 렌털 쿠폰을 묶어 판매하는 공동 프로모션을 제안했다. 영국 전역에 500개가 넘는 매장을 가지고 있는 블록버스터의 유통 지배력은 생각 이상으로 막강했으며 덕분에 공동 프로모션을 성공리에 마무리할 수 있었다.

　1985년에 설립된 블록버스터는 영국뿐만 아니라 본사가 있던 미국을 포함해 전 세계 25개국에서 9,000여 개의 매장을 운영하고 있었으며 2000년대 중반까지 비디오 대여 시장에서 거의 독점적인 시장 지배력을 가지고 있었다. 블록버스터가 미국 전역에

넷플릭스 창업자이자 CEO인 리드 헤이스팅스

3,000개가 넘는 오프라인 매장을 가지고 비디오 대여 시장을 주도하던 1997년에 보스턴 출신의 리드 헤이스팅스는 DVD를 오프라인 매장이 없이 온라인으로만 주문을 받아 우편으로 각 가정으로 배달해주는 온라인 DVD 대여 사업을 창안하고 넷플릭스Netflix라는 이름으로 서비스를 시작하게 된다.

넷플릭스는 블록버스터와 차별화하기 위해 연체료가 없는 단일 요금제를 도입하고 개인별 맞춤형 영화 추천 서비스를 제공하는 등 당시로서는 파격적인 시도를 한다. 한때 넷플릭스는 사용자들이 인터넷을 통한 온라인 주문에 익숙하지 않아 가입자 확대가 지연되고 자금난으로 콘텐츠 확보마저 어려움을 겪자 5,000만 달러에 회사를 블록버스터에 매각하려고도 했다. 하지만 온라인 사업에 대한 확신이 없던 블록버스터는 이 인수 제안을 거절한다. 2018년 10월 기준 넷플릭스의 시가 총액이 1,400억 달러(약 160

넷플릭스는 블록버스터와 차별화하기 위해 연체료가 없는 단일 요금제를 도입하고 개인별 맞춤형 영화 추천 서비스를 제공하는 등 당시로서는 파격적인 시도를 한다.

조 원)를 넘었으니 그 당시 블록버스터가 넷플릭스의 인수 제안을 거절한 것은 결과적으로 넷플릭스에게는 엄청난 행운이었다.

어려운 고비를 여러 차례 넘긴 넷플릭스는 인터넷 인프라가 급속히 개선되자 2007년부터 기존의 온라인 DVD 대여 서비스에 추가로 영화 콘텐츠를 온라인으로 제공하는 스트리밍 서비스를 시작한다. 그리고 2010년을 기점으로 온라인 스트리밍 서비스에 대한 수요가 DVD 수요를 앞서자 과감하게 온라인 스트리밍 서비스에 올인한다. 한편 온라인 인프라의 급속한 발전에도 불구하고 기존의 강점이었던 오프라인 매장을 끝까지 고수하던 블록버스터는 2013년 마지막 점포를 정리하며 역사 속으로 사라지고 만다. 오프라인을 중심으로 영화 콘텐츠의 유통을 주도하던 블록버스터의 몰락과 시대에 앞서 온라인 스트리밍 서비스 시장을 개척한 넷플릭스의 성공이 지금 와서 보면 아주 당연해 보일 수 있다. 하지만 이와 같은 넷플릭스의 성공에는 철저히 사용자의 요구에 부응해 새

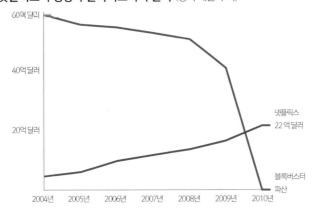

넷플릭스의 성장과 블록버스터의 몰락 (양사 매출 추이)

60억 달러
40억 달러
20억 달러

넷플릭스
22억 달러

블록버스터
파산

2004년 2005년 2006년 2007년 2008년 2009년 2010년

로운 서비스를 발굴하고 남보다 먼저 구현해내기 위해 기술 개발을 선행한 땀과 노력이 숨어 있다.

특히 다이얼 방식의 ADSL 모뎀을 사용하던 시절에 대용량의 영화를 온라인으로 스트리밍 서비스를 하겠다는 사실 자체가 기존 케이블 TV나 오프라인 비디오 대여 서비스 업체 입장에서 보면 상당히 무모한 시도일 수밖에 없었다. 하지만 넷플릭스는 지속적인 기술 개발을 통해 꾸준히 서비스를 개선해 나갔다. 이러한 집요함 덕분에 2007년 첫 인터넷 스트리밍 서비스를 시작한 지 10년 만에 전 세계 190개국에 1억 3,000만 명의 유료 구독자를 거느린 세계 최대 온라인 스트리밍 서비스 사업자로 성장할 수 있었다.

넷플릭스의 차별화된 고객 서비스

넷플릭스는 창업 초기 온라인 DVD 대여 서비스 때부터 고수해 온 연체료가 없는 정액 무제한 요금제와 개인별 맞춤형 콘텐츠 제안 서비스를 2007년 온라인 스트리밍 서비스 개시 이후 더욱 발전시켜 나갔으며 철저하게 사용자 관점에서 불편 사항들을 찾아내 합리적인 대안을 제시함으로써 빠르게 가입자 수를 늘려나갈 수 있었다. 다음은 넷플릭스가 주력하는 대표적인 차별화 서비스들이다.

• 모든 디바이스에서 시청 가능한 서비스의 연속성

넷플릭스 서비스는 스마트 TV, 게임 컨솔, 블루레이 플레이어, 스마트폰, 태블릿, PC 등 인터넷에 연결된 거의 모든 디바이스에서 사용이 가능하다. 또한 계정을 기준으로 서비스를 제공하기 때문에 어느 디바이스에 로그인하든 동일한 계정이면 동일한 개인별 맞춤형 서비스를 제공한다. 무엇보다 편리한 것은 디바이스가 바뀌어도 앞에서 사용한 디바이스에서 어디까지 재생했는지를 기억해 그다음 디바이스에서도 바로 이어보기가 가능하다는 것이다.

• 개인별 맞춤형 콘텐츠 추천 서비스

1억 3,000만 명의 가입자를 가진 넷플릭스는 빅데이터를 활용해 개별 회원의 개인적인 취향과 선호 분야를 파악하고 그와 비슷한 취향과 선호도를 가진 고객군을 규정한 다음 이 고객군이 가장 많이 시청하고 추천한 영상을 개인별로 재추천해주는 방식으로 최적화된 콘텐츠 추천 서비스를 제공하고 있다. 예를 들면 애니메이션 영화를 즐겨 시청하는 고객군을 파악해 그 고객들이 즐겨보고 추천을 많이 한 애니메이션 영화들을 선별해 비슷한 취향과 선호도를 가진 사용자에게 추천해준다. 그럼으로써 사용자가 볼 만한 영화를 찾기 위해서 인터넷을 헤매는 수고를 덜어준다.

넷플릭스 오리지널 콘텐츠

넷플릭스는 아마존 비디오나 유튜브 등 다른 온라인 동영상 스트리밍 서비스 업체들과 차별화를 위해 지속적으로 넷플릭스 오리지널 콘텐츠에 대한 투자를 확대하고 있다.

• 막강한 넷플릭스 오리지널 콘텐츠

넷플릭스는 아마존 비디오나 유튜브 등 다른 온라인 동영상 스트리밍 서비스 업체들과 차별화를 위해 지속적으로 넷플릭스 오리지널 콘텐츠에 대한 투자를 확대하고 있다. 2016년에 8조 8,300억 원이던 콘텐츠 제작 투자는 2017년에 15조 원을 넘어섰고 앞으로도 지속적으로 투자를 확대해나갈 것으로 보인다.

국내에서는 2017년에 봉준호 감독의 「옥자」를 한국 영화 사상 최대 규모인 600억 원을 들여 제작해 넷플릭스 190개국 이용자들에게 공급한 바 있다. 2018년에도 tvN의 「미스터션샤인」을 포함해 최소한 5편 이상의 한국 오리지널 콘텐츠에 신규 투자를 했다. 특히 1억 3,000만 명이라는 방대한 글로벌 가입자의 빅데이터를 분석해 고객들이 선호하는 콘텐츠의 기획 방향을 정하고 이를 영화 제작 과정에 반영해나가고 있다. 넷플릭스 오리지널 콘텐츠에 대한

전 세계 넷플릭스 영토

■ 서비스 지역 ■ 서비스 불가 지역

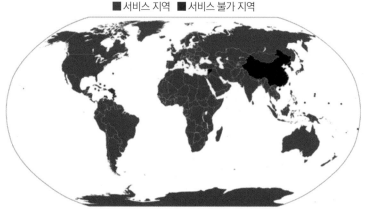

190개국에 1억 3,000만 명의 회원 보유

이용자 만족도는 앞으로 더욱 올라갈 것이다.

이 밖에도 TV 드라마의 경우 첫회부터 마지막회까지 모든 시리즈를 동시에 공개함으로써 고객들이 그다음 회를 기다리는 불편함을 제거했으며 프리미엄 고객의 경우 최대 4개의 스크린(사용자)까지 동시에 사용이 가능하게 함으로써 온 가족이 각자 취향이 맞는 콘텐츠를 서로 다른 디바이스에서 시청이 가능하도록 하고 있다.

넷플릭스는 온라인 스트리밍 서비스의 개척자이자 선두업체이면서도 지속해서 사용자 중심의 서비스 개발에 투자를 확대해 나가고 있다. 하지만 후발주자의 추격 또한 만만치는 않다. 비록 비즈니스 모델은 다르지만, 동영상 무료 공유 서비스로 출발해 세대와 장르의 구분 없이 영향력을 넓히고 있는 구글의 유튜브가 글로벌로 월간 이용자 수 18억 명을 넘어서며 프리미엄 동영상 스트리밍 서비스를 본격화하고 있다. 미국의 온라인 유통 공룡 아마존도 기존의 쇼핑 플랫폼과 연계해 자체 동영상 스트리밍 서비스인 아마존 비디오의 시장 지배력을 계속 키워나가고 있다.

사용자의 요구에 맞춰 항상 선행해서 서비스를 개발해온 넷플릭스이기에 전 세계 1억 3,000만 명의 기존 서비스 사용자와 매분기 새롭게 유입되는 500만 명 이상의 신규 가입자가 제공하는 빅데이터를 제대로 활용한다면 고객의 요구를 더욱 빠르고 정확하게 파악하고 경쟁사를 앞서는 양질의 서비스를 지속해서 발굴해나갈 수 있을 것이다.

차별적 가치 창출의 딜레마

차별화를 하다 보면 실질적인 고객가치를 상당 부분 희생해야 하는 경우가 생긴다. 이때는 왜 차별화를 해야 하는지에 대해 근본적으로 다시 생각해봐야 한다. 차별적 가치는 차별화를 위한 차별화가 아닌 '차별화된 실질적 가치'를 만들어낼 때만 의미가 있기 때문이다.

세그웨이

세그웨이SegWay는 2001년 미국 발명가 딘 카멘Dean Kamen이 만든 1인용 퍼스널 모빌리티 기기이다. 내장된 배터리로 구동되며 초기 모델들도 한 번 충전하면 시속 20킬로미터의 속도로 한 시간 이상을 달릴 수 있있다.

처음 세그웨이가 소개됐을 때 애플의 스티브 잡스는 6,300만 달러를 투자하겠다고 제안했다. 아마존의 제프 베조스도 혁명적인 제

딘 카멘이 세그웨이를 설명하고 있다. (출처: 위키피디아)

품이라며 극찬했다. 전설의 투자자로 손꼽히는 존 도어 역시 인터
넷보다 위대한 발명이라고 극찬하며 8억 달러를 투자하기도 했다.
이렇듯 세그웨이는 시장의 관심을 한몸에 받았던 혁신적인 제품이
었다.

　하지만 출시 후 초기 18개월간 단 6,000대의 판매에 그쳐 시장
의 기대만큼 성공을 거두지는 못했다. 기술 관점에서만 보면 배터
리를 사용하기 때문에 배기가스를 전혀 배출하지 않는 친환경 교
통수단이며 자이로센서를 사용하여 탑승자의 몸 기울기와 무게중
심에 따라 방향과 속도를 조절할 수 있어 남녀노소 누구나 쉽게 사
용을 할 수 있다. 또한 SF 영화에나 나옴직해 보이는 세련된 디자
인을 하고 있다.

　이렇듯 기술과 기능 그리고 디자인 측면에서 완벽해 보이는 차
별화 된 제품이 왜 판매에 실패했을까? 첫 번째로 이 제품의 용도

세그웨이의 산업용 모델인 세그웨이 I2SE와 레저용 모델인 세그웨이 미니라이트의 사용 예. (출처: 세그웨이 홈페이지)

가 명확하지 않았다. 시속 20킬로미터 내외의 속도는 도로에서는 너무 느리고 인도에서는 너무 빠른 속도이다. 전동으로 구동되기 때문에 나라별로 다양한 도로교통 규제에 따라 사용할 수 있는 도로 또한 제한이 많았다.

두 번째로 대당 3,000달러에서 7,000달러의 높은 가격은 얼리어댑터들에게도 상당히 부담스러운 가격이었다. 세 번째로 얼마 안 있어 싼 가격의 유사한 퍼스널 모빌리티 제품들이 중국업체들로부터 쏟아져 나왔으며 고가의 전문가용 성능을 갖춘 세그웨이 모델들은 상업용으로 시장이 제한될 수밖에 없었다.

세그웨이는 독자적인 시장 창출에 고전하다가 2015년 4월 중국의 샤오미가 설립한 퍼스널 모빌리티 기기 제조사 나인봇에 인수되고 만다. 나인봇은 세그웨이 인수 후 600만 원내 전후의 세그웨이 자체 모델은 상업용 시장에 집중하고 일반인들이 사용하는 모델은 기존의 나인봇 모델을 개량해 100만 원 미만의 다양한 모델들을 선보이며 퍼스널 모빌리티 시장의 선도 기업으로 확실한 자리매김을 해나가고 있다.

세그웨이의 사례에서 볼 수 있듯이 어떤 기업이 독창적인 기술로 차별화된 고객가치를 만드는 데 성공해도 그 차별적 가치가 목표 고객이 원하는 수준의 가격이나 효용성을 맞추어내지 못하면 대중화에 실패하고 틈새상품으로 전락하고 만다. 따라서 차별적 가치를 만들어낼 때는 제안하고자 하는 차별화가 단순한 기술적 또는 기능적 차별화에 머무르지 않도록 가격을 포함한 차별적 가치의 '실질적인 효용성'을 고객 관점에서 냉정하게 평가해보아야 한다.

7

지속적 가치 창출
: 과거의 성공 체험을 버려라

실질적이면서도 차별적인 고객가치를 '지속적'으로 만들어내는 일은 말처럼 쉽지 않다. 이것을 어렵게 만드는 것은 경쟁자도 시장도 아니다. 기업이 과거의 성공 체험에 집착하여 시대의 흐름과 고객가치의 변화를 놓치는 실수를 스스로 범하는 것이다.

스마트폰이 본격적으로 시장에 진입한 지 이제 겨우 10년이 지났지만 그 사이에 스마트폰 때문에 사라지거나 사양길에 접어든 제품들은 DVD 플레이어, MP3 플레이어, 디지털 카메라, 캠코더, 녹음기, 게임기 등 열 손가락으로 다 꼽기가 어려울 정도로 많다. 그나마 TV와 PC는 대화면과 문서 작성의 편리함을 강점으로 버티고 있지만 앞으로 또 얼마나 많은 IT 기기들이 스마트폰 때문에 사라질지 모른다.

사라져간 것은 제품만이 아니다. 개별 제품과 연계해 매출과 수익을 창출하던 많은 기업들이 사라졌고 그 생태계 안에 있던 직업

스마트폰의 등장으로 사라져간 제품들 그리고 생존을 위협받는 제품들

자율주행과 차량 공유의 등장으로 위기를 맞게 될 산업들

(출처: IGM 세계경영연구원)

들 또한 함께 사라졌다.

애플 아이폰이 처음 시장에 모습을 드러냈을 때 앞으로 스마트폰이 가져올 산업적 파급효과와 사회적 변화를 제대로 예측한 사람은 많지 않았다. 내 손바닥 안에 있는 이 작은 스마트폰이 책상 위에 있는 데스크톱 PC에 못지않은, 아니 그 이상의 고성능 컴퓨팅 능력을 갖추고 있다는 것을 안다면 빅데이터, 인공지능, 가상현실 기술이 더해져 앞으로 이 작은 기기가 우리의 삶에 얼마나 더 많은 변화를 가져올지 짐작할 수 있을 것이다.

실질적이고 차별적인 고객가치를 지속해서 만들어내지 못하면 어느 기업도 생존하기 어렵다는 것은 누구도 부인하지 않을 것이다. 앞에서 스마트폰으로 예를 들었듯이 고객가치의 변화와 기술의 발전이 특정 산업의 생태계에 어떤 변화를 가져오고 그 변화가 고객과 상호작용하면서 어느 방향으로 진화해 나갈지를 아는 것은 지속적인 고객가치 창출을 위해서 매우 중요한 인사이트이다. 노키아, 야후, 블록버스터 등의 사례에서 보듯이 기업이 과거의 성공에 집착하는 순간 기존의 고객가치를 유지하기 위해서 새로운 고객가치 창출 활동에 필수적으로 수반되는 리스크를 감수하기가 어려워진다. 따라서 그 기업이 만들어내는 고객가치의 진화는 더뎌질 수밖에 없다.

차별적인 고객가치를 지속적으로 만들어내는 기업 사례를 찾기는 쉽지 않다. 그럼에도 무료 동영상 공유 사이트로 출발해 이제는 그 사업 영역을 한정 짓기 어려울 정도로 빠르게 서비스를 확장해 가는 유튜브의 고객가치 창출 사례를 한 번 살펴보는 것은 의미 있을 것 같다. 유튜브는 이제 겨우 창업 12년 차에 접어든 젊은 기업

유튜브는 누구나 자신이 제작한 동영상을 업로드할 수 있고 또 누
구나 업로드된 동영상을 볼 수 있는 온라인 무료 동영상 서비스로
출발을 했다.

이지만 스마트폰 사용자의 증가와 함께 빠르게 가입자 수를 늘려
가 이제는 전 세계 동영상 스트리밍 시장에서 절대 강자로 자리 잡
기 시작했다. 그리고 막강한 사용자 기반을 활용해 새로운 서비스
를 끊임없이 제안하고 있다.

유튜브

유튜브의 다양한 서비스는 우리 일상생활의 많은 부분을 바꾸어
놓았다. 모바일 기기에 최적화된 유튜브 플랫폼은 시청자를 TV로
부터 떼어놓고 스마트폰이나 태블릿으로 동영상 콘텐츠를 소비하
는 문화를 만들었다. TV의 가장 위협적인 경쟁자가 다른 IT 제품
이 아니라 유튜브가 될 정도로 사람들의 TV 시청 시간을 빼앗아

가고 있다. 다양한 수준급의 교육용 동영상 덕분에 독학으로 외국어 공부나 새로운 취미 활동을 시작하는 사람들이 늘어나고 있다. 또 방송 프로그램을 TV 채널이 아닌 유튜브 채널에서 즐겨보는 시청자도 많아지고 있다. 유튜브로 뉴스를 보고 음악을 듣고 공부하고 취미생활을 하며 영화나 드라마를 보고 친구들과 소통을 하는 유튜브의 유튜브에 의한 유튜브를 위한 일상생활이 점점 현실화되고 있다.

최근에는 동영상 내 삽입 광고나 재생 화면창 주변의 빈 공간을 활용한 직접 광고들이 많이 늘었지만 몇 년 전만 해도 유튜브 화면 내 직접 광고보다는 기업에서 직접 제작한 바이럴 광고 영상*을 유튜브에 올리고 그 영상을 유명 사이트에 링크시켜 영상에 대한 조회 수를 늘리는 방식으로 간접 광고를 많이 했다. 광고용 바이럴 영상을 유튜브에 올리고 나면 사용자의 조회 수가 광고 영상을 만든 마케팅 부서의 최대 관심사였고 조회 수가 10만 명을 넘어 100만 명에 다다르면 팀원들과 함께 모여 자축을 하기도 했다.

이렇듯 유튜브는 기업 측면에서 보면 새로운 상품이나 서비스를 알리는 데 유용한 광고 플랫폼이다. 그리고 유튜브 동영상을 보며 공부를 하는 학생들에게는 온라인 교육 플랫폼이 되기도 하고 유튜브에 스스로 제작한 동영상을 올려 수익을 내는 유튜버에게는 개인사업자 플랫폼이 되기도 한다. 유튜브를 통해 음악을 즐겨듣는 사용자에게는 음악 스트리밍 서비스 플랫폼이 되고 실시간으로 라이브 동영상을 공유하는 사람들에게는 1인용 방송 플랫폼이 되

---

* 일반인이 제작해 올린 것처럼 보이지만 실제로는 기업에서 광고를 목적으로 제작해 올린 동영상

유튜브가 제공하는 다양한 서비스들

일반 이용자	무료 동영상 공유	장르에 구분 없이 다양한 동영상의 업로드, 공유, 시청이 가능함
	영화·드라마 스트리밍	유튜브 오리지널 포함 다양한 최신 영화와 드라마 시리즈 제공
	음악 스트리밍	광고 없이 음원 재생과 다운로드 가능한 유료 서비스
	게임 채널	인기 게임 시청 및 실시간 스트리 밍 서비스
	1인 방송 채널	모바일 또는 웹캠을 이용한 동영상 실시간 스트리밍
	실시간 뉴스 채널	전 세계 주요 뉴스, 스포츠, 다큐 채 널 실시간 시청 가능
유튜버	콘텐츠 사업 플랫폼	유튜브 내 독자 채널을 운영하며 구독자에게 영상 서비스 제공
광고주	광고 플랫폼	구글 애드워즈 시스템을 이용해 광 고효과만큼 광고비 지불

기도 한다. 이렇게 어린아이부터 70세를 넘어선 어르신네까지 남녀노소 구분 없이 만인의 친구가 되어버린 유튜브는 다방면으로 서비스 영역을 확장해 나가고 있다. 이제는 그 비즈니스 모델을 규정하기가 쉽지 않을 정도로 서비스 플랫폼이 다양해지고 있다.

온라인 금융 서비스를 하는 페이팔의 직원이었던 스티브 첸Steve Chen은 회사 동료들과 파티하는 동영상을 디카로 찍어 친구들에게 메일로 공유하려다가 용량이 커서 실패하고는 회사 동료 두 명과 함께 누구나 쉽게 동영상을 올리고 공유할 수 있는 유튜브라는 웹사이트를 만들게 된다. 이 웹사이트는 2005년 11월 첫 서비스를 시작한 지 1년이 채 안 되어 사용자가 1,000만 명이 넘고 1억 개 이상의 비디오 클립이 업로드되는 가장 인기 있는 웹사이트가 되었다. 동영상 콘텐츠의 파급력에 대한 선견지명이 있던 구글은 정식 서비스를 시작한 지 채 1년밖에 안 된 유튜브를 16억

5,000만 달러(약 1조 8,000억 원)에 사들이게 된다. 이렇게 구글 패밀리가 된 유튜브는 초기에 마땅한 수익 모델을 찾지 못해 적자에 허덕이기도 했다. 하지만 이제는 구글의 광고 수익을 견인하는 간판 서비스이자 월간 로그인 이용자 수가 18억 명이 넘는 전 세계 최대 동영상 공유 사이트가 되었다.

유튜브의 첫 번째 성공 요인은 역시 대부분의 구글 서비스가 공통으로 가지고 있는 플랫폼의 개방성이다. 인수 후 5년 동안 큰 폭의 적자를 보면서도 서비스를 유료화하기 위해서 조급해하지 않았다. 오직 이용자 수의 확대와 서비스 개선에 집중했으며 나아가 콘텐츠 서비스가 필연적으로 부딪치게 되는 저작권 이슈에 대해 비용을 감내하며 적극 대처해나갔다. 그 덕분에 막강한 고객 기반을 빠르게 확보할 수 있었다. 이러한 고객 기반은 앞으로 유튜브가 새로운 서비스의 전개해 나가는 데 핵심적인 역할을 할 것이다.

두 번째는 언어와 국경의 장벽이 없는 동영상 콘텐츠의 파급력을 잘 이해하고 서비스 플랫폼의 세계화를 빠르게 추진한 것이다. 유튜브는 현재 90여 개국에서 76개의 언어로 사실상 언어 장벽과 국경이 없는 단일 서비스를 제공하고 있다. 한국어로 제작된 싸이의 「강남 스타일」 뮤직비디오가 유튜브에서 32억 건이 넘는 조회 수를 기록하며 전 세계에 '강남 스타일 신드롬'을 만들 수 있었던 것도 또 최근 방탄소년단의 세계적인 인기몰이도 물론 언어의 장벽이 거의 없는 뮤직비디오 자체의 특성도 있지만, 전 세계 어디에서 누구나 쉽게 접근해 이용할 수 있도록 한 유튜브의 세계화된 플랫폼이 한몫하고 있다.

세 번째는 이용자의 서비스 참여를 적극 유도해 유튜브를 강력한

주요 4대 소셜 미디어 비교　　　　　　　　　　　　　(2018. 6. 기준)

	트위터	페이스북	인스타그램	유튜브
주요 매개체	텍스트 중심	텍스트, 사진, 동영상	사진에 특화	동영상에 특화
서비스 개시	2006년	2004년	2010년	2005년
월간 이용자	3억 4,000만 명	22억 명	10억 명	18억 명

소셜 미디어는 초기의 텍스트 중심에서 사진과 동영상에 특화된 서비스로 빠르게 사용자의 중심이 이동하고 있다. 최근에 전통적인 소셜 미디어인 트위터와 페이스북의 이용자가 감소하고 인스타그램과 유튜브의 이용자 수가 증가하고 있는 것도 이러한 흐름을 잘 보여주고 있다.

소셜 미디어 플랫폼으로 발전시킨 것이다. 동영상 콘텐츠는 사용자의 나이나 계층에 제한이 없는 가장 접근성이 뛰어나고 중독성이 강한 콘텐츠이다. 텍스트나 사진이 중심이 되는 소셜 미디어보다 확산 속도가 빠를 수밖에 없다. 유튜브는 이러한 동영상 콘텐츠의 특성을 잘 활용해 콘텐츠 제작자에게 개인별 독자 채널을 운영할 수 있도록 하고 채널 내에서 제작자와 사용자 간 소통의 장을 만들어줌으로써 소셜 미디어 플랫폼으로서의 역할을 확대하고 있다.

　더 나아가 모든 콘텐츠 사용자가 동시에 콘텐츠 제작자가 될 기회를 제공하고 제작된 콘텐츠의 인기에 따라 합리적으로 광고 수익을 배분함으로써 양질의 콘텐츠 제작을 독려함과 동시에 사용자의 서비스 충성도를 한층 끌어올리고 있다. 물론 어전히 업로드되는 영상들의 저작권 이슈가 끊이지 않고 일부 국가에서 현지 기업과의 공평과세 논란도 불러 일으키고 있다. 하지만 지금까지 유튜브의 서비스 발전 과정을 보면 일관되게 서비스 사용자의 이익을 확대하는 방향으로 진화를 해오고 있다.

최근 들어 간접 광고가 많아지고 일부 서비스의 유료화를 서두르고 있어서 자칫 과도한 상업화가 충성 고객들의 이탈을 가져오지는 않을까 다소 우려가 되기도 한다. 하지만 '구글의 목표는 전 세계의 정보를 체계화하여 모두가 편리하게 이용할 수 있도록 하는 것'이라는 구글의 사명처럼 유튜브가 지금까지 사용자들에게 제안해 온 '모든 사용자가 창작자가 될 수 있는 기회'를 공평하게 제공하고 '국경 없는 문화의 교류'를 가능하게 하며 '계층과 세대의 구분이 없는 다양한 교육의 기회를 제공하겠다'는 공익적인 가치들을 발전시켜 나가고 여기에 구글이 애정을 쏟는 머신러닝과 인공지능 기술이 더해진다면 그 미래 잠재력은 그 어느 IT 플랫폼 회사보다 클 것이다.

지속적 가치 창출의 딜레마

같은 성공은 반복되지 않는다. 과거의 성공에서 오는 과도한 자신감은 우리를 게으르게 만들며 이러한 게으름은 우리의 시야를 가리고 결국 우리를 고객한테서 멀어지게 한다.

블랙베리

블랙베리는 캐나다의 리서치인모션이 2002년에 출시한 스마트폰 브랜드이다. 우리나라 소비자들에게는 잘 알려지지 않았지만 2008년 전후 스마트폰 초기 시장에는 애플조차도 경쟁이 어려울

블랙베리폰

(왼쪽) 미국의 오바마 대통령도 한때 블랙베리폰의 열광적인 팬이었던 것으로 잘 알려져 있다. (오른쪽) 탤런트 지진희 역시 한때 블랙베리폰의 열광적인 팬이었다. (출처: 동영상 캡처. 블랙베리 코리아)

정도로 시장에서 돌풍을 일으켰다.

초기 블랙베리폰은 화면 하단에 버튼식 쿼티 자판이 배치돼 있어 이메일과 메신저에 특화된 프리미엄폰으로 잘 포지션하였다. 지금은 다양한 메신저 앱들이 일반화되어 있지만 초기 스마트폰 시장에서 블랙베리가 선보인 블랙베리 메신저BBM는 그동안 피처폰의 단방향 문자 전송에 익숙해 있던 고객들에게 매우 혁신적인 기능이었다. 여기에 독자적인 블랙베리 운영체제는 보안성이 매우 뛰어나 해킹의 우려가 거의 없었다. 우수한 텍스트 메신저 기능과 메일 전송 기능 그리고 탁월한 보안 기능으로 미국의 대부분 기업에서 업무용으로 블랙베리폰을 채택할 정도로 인기가 높았다.

이렇다 보니 블랙베리폰은 성공한 사업가의 상징이 됐으며 중동의 상류층과 전 세계 유명인들이 즐겨 쓰는 프리미엄 폰의 대명사

전 세계 모바일 운영체제 점유율 추이

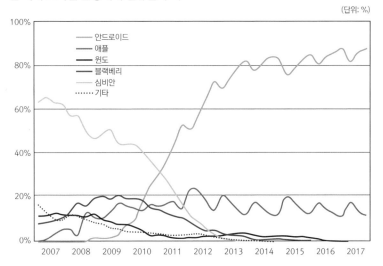

(단위: %)

블랙베리는 2000년대 후반 노키아의 심비안 운영체제를 제외하고 스마트폰 시장 내 압도적인 점유율을 가지고 있었다. 그러나 2010년대 초반 아이폰의 성장과 안드로이드폰의 등장으로 몰락의 길을 걷게 된다. (출처: 위키 백과)

가 되기도 했다. 미국의 오바마 대통령도 한때 블랙베리폰의 열광적인 팬이었던 것으로 잘 알려져 있다. 이렇듯 프리미엄 고객들의 사랑을 받으며 초기 스마트폰 시장을 주도하던 블랙베리폰도 아이폰의 성장과 안드로이드폰의 등장으로 서서히 어려운 시기를 맞게 된다. 고객들은 아이폰의 출시 이후 앱을 통한 다양한 기능의 확장성에 매료되기 시작했고 빠른 모바일 인터넷 브라우저의 출현과 다양한 메신저 앱의 등장으로 과거에 블랙베리폰이 가지고 있던 기능적인 장점들은 더는 매력적이지 않았다.

결국 블랙베리 CEO 존 첸은 2016년 9월 2분기 실적 발표 자리에서 더 이상 스마트폰을 제조하지 않겠다고 발표를 한다. 블랙베리는 이후 개발과 제조부문을 중국의 TCL에 넘기고 2017년 말

블랙베리 키원 블랙이라는 신모델을 내놓으며 재기를 시도했으나 옛날의 명성을 되찾기에는 이미 시장에서 너무 멀어지고 말았다. 이처럼 한때 시장을 주도하던 1등 기업조차도 지속해서 새로운 고객가치를 만들어내지 못하면 시장에서 도태될 수밖에 없다.

하나의 기업이 한 번 이루었던 성공을 지속하기가 얼마나 어려운지는 지난 10여 년간 세계 시가총액 상위 10개 기업의 순위 트렌드를 보면 쉽게 알 수 있다. 2007년 기준으로 보면 페트로차이나, 엑슨모빌, 로열더치셸 등 석유자원 기업들과 차이나모바일, AT&T 등 통신서비스 기업들이 대부분 세계 시가총액 상위권을 차지하고 있었다. 하지만 그로부터 10년이 지난 2017년에는 석유자원 기업들과 통신서비스 기업들은 다 사라지고 애플, 구글, 마이크로소프트, 아마존, 페이스북 등 IT 기업들이 그 자리를 꿰어차게 된다.

지난 10년간 있었던 이러한 세계 시가총액 순위의 변화를 보면 시장이 기간 산업 중심에서 IT 기업 중심으로 급격히 바뀌었음을 알 수 있다. 아마존과 알리바바 등 온라인 기반의 전자상거래 기업들이 시가총액에서 이미 월마트와 같은 기존 오프라인 중심의 유통회사를 넘어섰으며 PC가 아닌 개인 모바일 기기가 전자상거래 서비스의 핵심으로 자리잡고 있다. 결론적으로 인터넷이라는 온라인 인프라는 우리가 인지하지 못하는 사이에 지난 10년간 엄청난 사회적 변화를 가져왔다. 그 변화의 중심에는 스마트폰이라는 개인 사용자 중심의 모바일 기기가 있었다. 애플, 아마존, 구글, 페이스북 등 지난 10년간 새롭게 부상한 글로벌 IT 기업들은 이 변화를 스스로 만들어낸 개척자이자 동시에 수혜자이다.

세계 시가총액 톱 10 기업의 변화 (국적표시없는 기업은 미국 기업임)

순위	2007년	2010년	2014년	2017년	2018년 0일
1	페트로차이나 (중국)	엑슨모빌	애플	애플	애플
2	엑슨모빌	페트로차이나 (중국)	엑슨모빌	구글	아마존
3	GE	애플	마이크로소프트	마이크로소프트	구글
4	차이나모바일 (중국)	BHP빌리턴 (호주, 영국)	버크셔해서웨이	아마존	마이크로소프트
5	공산은행 (중국)	마이크로소프트	구글	페이스북	페이스북
6	마이크로소프트	공산은행 (중국)	페트로차이나 (중국)	텐센트 (중국)	알리바바 (중국)
7	가즈프롬 (러시아)	페트로브러스 (브라질)	존슨앤존슨	버크셔해서웨이	텐센트 (중국)
8	로열더치셸 (영국, 네덜란드)	건설은행 (중국)	웰스파고	알리바바 (중국)	버크셔해서웨이
9	AT&T	로열더치셸 (영국, 네덜란드)	월마트	존슨앤존슨	JP모건 체이스
10	시노펙 (중국)	네슬레 (스위스)	공산은행 (중국)	JP모건 체이스	존슨앤존슨

2007년 기준 시가총액 10대 기업 중 10년 후에 10위 안에 남아 있는 기업은 마이크로소프트 하나밖에 없다. (출처: 영국 파이낸셜타임스, 나스닥, 미스터캡)

그럼 앞으로 10년 동안은 시장에 어떤 변화가 있을까? 지금 시장을 주도하는 IT 기업들이 10년 후에도 글로벌 시가총액 상위권 기업으로 살아남을 수 있을까? 앞으로 10년 동안 벌어질 주요 기업 간의 생존경쟁은 어쩌면 과거보다 훨씬 더 치열하고 어려워질지 모른다. 거의 전 글로벌 기업이 산업 영역의 구분 없이 하나같이 미래먹거리로 인공지능, 로봇, 자율주행 서비스를 선택했으며 이 시장들을 선점하기 위한 장정의 마라톤은 이미 시작됐다. 누가 반환점을 돌아 완주하고 누가 마지막까지 선두 그룹에 남아 있을지는

4대 IT 글로벌 기업의 주요 지표 비교표

구분	Microsoft	Apple	amazon	Google
창립	1975년 4월	1976년 4월	1996년 5월	1998년 9월
창립자	빌 게이츠 폴 앨런	스티브 잡스 스티브 워즈니악 로널드 웨인	제프 베조스	래리 페이지 세르게이 브린
매출 (2017년)	1,036억 달러	2,474억 달러	1,932억 달러	873억 달러
영업이익 (2017년)	300억 달러 (29.0%)	660억 달러 (26.7%)	50억 달러 (2.6%)	266억 달러 (30.5%)
시가총액 (2018년 10월 기준)	7,856억 달러	1조 40억 달러	8,117억 달러	7,332억 달러
주요 비즈니스 모델	윈도 PC 운영체제 및 MS 오피스 문서 프로그램, 클라우드 서버 임대 서비스, X 박스 게임기기 및 콘텐츠 판매.	아이폰, 아이패드, 맥북, 애플워치 등 IT 기기 판매 및 앱스토어, 아이튠즈를 통한 콘텐츠 판매.	온라인 전자 상거래, 클라우드 서버 임대 서비스.	구글 검색 및 유튜브 동영상 광고, 안드로이드 앱스토어, 구글 맵, 크롬 웹브라우저, G메일 서비스.
경쟁력 원천 (차별적 고객가치)	윈도 PC 운영체제 및 문서 프로그램 시장에서의 독점적 지위. 아마존이 독점하고 있는 클라우드 컴퓨팅 시장에 진입하였으나 후발 주자로 경쟁력 확보까지는 시간이 걸릴 것으로 보임.	창업자 스티브 잡스의 제품 철학이 잘 반영된 제품의 높은 완성도. iOS, 맥 OS 등 독자인 운영체제와 아이튠즈, 앱스토어, 아이클라우드를 기반으로 하는 서비스 플랫폼.	다양한 판매 상품, 경쟁력 있는 가격, 빠른 배송이 만들어 내는 온라인 쇼핑에서의 독점적 지위. 글로벌 클라우드 서버 AWS 임대 사업.	전 세계 검색시장의 70% 이상을 독점하고 있는 구글 검색 엔진을 기반으로 하는 검색 광고 사업. 안드로이드 모바일 운영체제 기반의 모바일 플랫폼 생태계 및 크롬 웹브라우저.
신규사업	노키아의 단말기 사업 부문을 인수해 휴대폰 시장에 진출을 시도했으나 실패. 인공지능 플랫폼 기반의 클라우드 서비스인 인텔리전트 클라우드와 인텔리전트 엣지를 최근에 공개하고 인공지능 기술을 기반으로 한 클라우드 서비스 사업 확장을 모색 중.	애플워치를 출시하면서 헬스케어 산업에 첫 발을 내딛었으나 매우 더딘 진전을 보이고 있음. 가상현실과 증강현실 그리고 인공지능 플랫폼의 결합을 통한 새로운 서비스 및 자동차 관련 미래기술 개발을 추진 중이나 공개된 것은 많지 않음.	파이어폭스 OS 기반의 스마트폰인 파이어폰을 전자상거래 전용폰으로 출시하였으나 실패. 아마존 프라임 에어라 불리는 드론 배송 및 무인판매 슈퍼마켓인 아마존 고를 시험적으로 운영 중임.	모토로라를 인수하며 휴대폰 시장에 진출을 시도하였으나 실패. 미래 먹거리로 인공지능과 자동차 자율주행 기술에 전략적 투자를 집중하고 있음. 실험정신이 강해서 다양한 분야에서 새로운 가치 창출을 위한 노력을 지속하고 있음.

지난 10년이 그래 왔듯이 더욱 예측하기 어려울 것이다.

분명한 것은 같은 성공은 반복되지 않는다는 것이다. 새롭게 시장에 진입하는 젊은 기업들은 새로운 실험과 도전으로 끊임없이 새로운 고객가치를 만들어 쏟아낼 것이다. 만약에 기존 기업들이 고객들에게 의미 있는 새로운 고객가치를 만들어내지 못하고 과거에 머문다면 경쟁에서 도태되고 머지않아 시장에서 사라지고 말 것이다.

2장

성공의 핵심

고객가치

고객의 가치 판단은 항상 자기중심적이며 감정적이고 수시로 변한다. 그래서 고객이 원하는 것이 무엇인지를 정확하게 알아내는 일은 생각 처럼 쉽지 않다. 하지만 고객 관점에서 겸손하게 모든 것을 바라본다 면 고객이 원하는 것이 무엇이고 그것을 어떻게 만들어내야 하는지를 아는 것이 그렇게 어려운 일만은 아닐 것이다.

'고객이 가치 있다고
생각하는 것'이 고객가치이다

.

> 고객가치는 '고객이 가치 있다고 생각하는 것'이다. 고객가치에
> 대한 고객의 판단 기준은 때로는 다소 비합리적이고 엉뚱하다.
> 그럼에도 결국 우리가 제공하는 고객가치가 좋은지 나쁜지를 판
> 단하고 최종적으로 선택하는 것은 고객이다.

내가 스마트 기기 관련 신사업을 총괄하는 사업본부에서 상품기
획팀을 맡았을 때의 일이다. 줄곧 영업 현장에서 영업과 마케팅만
해오던 나에게 사업전략을 수립하고 신상품의 기획을 총괄하는 업
무를 맡긴 것은 시장 밀착형 상품 개발을 강화하겠다는 경영진의
의지가 담긴 인사였다.

그 당시 새롭게 맡은 상품기획팀은 60% 이상이 개발부서 출신
들로 구성되어 있었다. 구성원 한 명 한 명이 기술에 관한 한 누구
에게도 지지 않을 정도의 전문 지식을 가지고 있었다. 무엇보다도
좋은 제품을 만들어내겠다는 열정이 가득한 친구들이었다.

젊은 상품기획 구성원들은 회의 때마다 "왜 우리는 좋은 제품을 만드는 데 기대하는 만큼 팔지를 못할까요?" "좀 더 감성적으로 고객의 마음을 사로잡는 광고를 만들 수는 없을까요?" 하고 새로 온 영업 출신 보스에게 영업과 마케팅에 대한 불만들을 한껏 쏟아내곤 했다.

그때 구성원들에게 "좋은 제품이 잘 팔리는 것이 아니라 잘 팔리는 제품이 좋은 제품이다. 만약에 우리가 만든 제품이 시장에서 잘 팔리지 않는다면 분명 어딘가에 우리가 모르는 부족함이 있을 것이다. 그것이 무엇인지를 함께 찾아보자."라고 이야기를 해주곤 했다.

만드는 사람이 보았을 때 아무리 좋은 제품이라도 시장에 나가서 잘 팔리지 않으면, 즉 시장에서 고객의 선택을 받지 못한다면 반드시 거기에는 이유가 있다. 좋은 제품에 관한 판단 기준은 고객에게서 나온다. 따라서 우리의 생각과 고객의 생각이 다를 수 있다는 것을 받아들이고 겸손하게 고객의 목소리에 귀를 기울여야 한다. 그래야 고객이 원하는 것이 무엇이고 우리가 만드는 것에 무엇이 부족한지를 정확하게 알아낼 수가 있다.

때로는 고객들이 기능보다는 디자인과 같은 감성적 가치를 더 중요시해 엔지니어가 보기에 속 빈 강정같이 겉만 번지르르해 보이는 제품이 히트 상품이 되기도 한다. 반대로 디자인을 고급스럽게 잘 만들어도 고객에게 꼭 필요한 사소한 기능 몇 가지가 빠져서 외면을 당하기도 한다. 따라서 '고객이 가치 있다고 생각하는 것'이 '우리가 가치 있다고 생각하는 것'과 항상 일치하지 않는다는 것을 인정하고 '우리가 가치 있다고 생각하는 것'이 아닌 '고객이 가치 있다고 생각하는 것'이 무엇인지를 찾기 위해 끊임없이 고객의 목소리에 귀를 기울여야 한다. 결국 우리는 치열한 경쟁 속에서 '고객이 가치 있다고 생각하는 것을 경쟁자보다 더 잘 만들어내는 자만이 살아남는 게임'을 하고 있는 것이다.

샤오미

샤오미가 2018년 7월 홍콩 증권거래소에 기업공개를 했다. 샤오미는 이번 기업공개를 통해 시장의 기대에는 다소 못 미치지만 47억 달러(약 5조 3,000억 원)를 조달하는 데 성공했고 2011년 첫 스마트폰을 출시한 이후 불과 7년 만에 중국 최대 IT 기업 중의 하나가 되었다.

한국 소비자에게 높은 가성비 덕분에 '대륙의 실수'로 잘 알려진 샤오미는 잘 팔리는 제품이 좋은 제품이라는 고객가치의 본질을 잘 이해하고 실천한 기업 중의 하나이다. 샤오미의 창업자 레이쥔은 지금은 '중국의 스티브 잡스'라는 긍정적인 평가를 받고 있지만 창업 초기에는 '잡스의 모방꾼'이란 조롱을 받기도 했다. 샤오미 또한 애플의 아이폰과 비슷한 제품을 만든다고 해 '짝퉁 아이폰'을 싸게 만드는 회사라는 혹평을 받기도 했다.

당시 국내 IT 업계에서도 "인기 있는 타사 제품을 모방해서 싸게 만드는 것만으로는 시장을 선도하기 어렵다." "낮은 가격을 고수하다가 결국 적자가 눈덩이처럼 커져서 문을 닫을 것이다." "제대로 된 특허가 없어 해외 시장 진출은 불가능할 것이며, 특허료를 다 내면 지금과 같은 가격 경쟁력은 유지하기 어려울 것이나." 등등 샤오미에 대한 평가가 그렇게 호의적이지는 않았다. 이렇듯 창업 초기에 시장과 업계로부터 차가운 평가를 받았던 샤오미가 불과 창업 8

샤오미 매장

년 만에 시장으로부터 60조 원이 넘는 기업가치를 평가받는 기업
으로 성장할 수 있었던 요인은 무엇이었을까?

그 첫 번째는 샤오미가 창업 초기 독자적인 스마트폰 운영체제
인 미유아이MIUI를 개발할 때부터 철저하게 적용해온 '고객과 함께
만들어나가는 상품 개발 프로세스'이다. 샤오미 CEO 레이쥔은 샤
오미를 설립하기 전 사무용 소프트웨어 프로그램을 개발하는 진산
소프트웨어라는 회사의 CEO를 맡고 있었다. 덕분에 그는 스마트
폰에서 소프트웨어가 왜 중요한지 그리고 최상의 소프트웨어를 만
들기 위해서 사용자의 역할이 얼마나 중요한지를 누구보다 잘 알
고 있었다. 그래서 '미유아이는 사용자 50만 명과 함께 개발한다.'
라는 가치 아래 개발 과정을 사용자들에게 공개하고 작은 부분 하
나까지 사용자들의 의견을 반영해 그 완성도를 높여나갔다.

이러한 고객 중심의 상품 개발 프로세스는 지금도 샤오미의 핵

심 가치로 자리 잡고 있다. 샤오미는 개발자들이 직접 사용자들과 소통하게 함으로써 내부 직원들의 일하는 방식을 철저히 고객 중심으로 바꾸었다. 고객들이 상품 개발 프로세스에 적극적으로 참여하게 함으로써 고객들의 브랜드에 대한 충성도를 높였다. 이를 통해서 견고한 샤오미 팬덤을 형성할 수 있었다. 이렇게 형성된 샤오미 팬덤은 새로운 상품들을 입소문을 통해 시장에 알리는 강력한 마케팅 도구로 활용이 되고 있다.

두 번째는 '모든 고객을 위한 프리미엄premium for everyone'이라는 명확한 포지셔닝 전략이다. 애플이 프리미엄 고객을 위한 프리미엄 제품을 만들었다면 샤오미는 프리미엄 제품의 가격을 낮추어 누구나 부담 없이 즐겨 사용할 수 있는 프리미엄을 지향한 것이다. 시장 진입 초기에는 '애플 짝퉁'이라는 냉소적인 평가를 받기도 했다. 하지만 스티브 잡스가 애플 제품에 담아내고자 했던 '애플만의 고품격'을 샤오미라는 젊은 브랜드에 '저렴하게' 담아냄으로써 '가성비'라는 아주 보편적인 고객가치를 의미 있게 차별화하는 데 성공한 것이다. 이러한 프리미엄의 대중화 전략을 통해 '대륙의 실수'라 불릴 정도로 파격적인 가격에 신제품들을 출시할 수 있었다. 단연 가성비 갑으로 불리는 샤오미의 가격 경쟁력은 후발주자의 추격을 어렵게 하는 강력한 진입 장벽이 되고 있다.

세 번째는 자신의 사업 영역을 스스로 한정하지 않는 제품 포트폴리오 전략이다. 샤오미는 우리에게 잘 알려진 스마트폰, 보조 배터리, 스마트밴드 외에도 샤오미의 타깃 고객층이 좋아하는 거의 모든 제품을 상품화해 나가고 있다. 심지어는 IT 제품의 영역을 넘어서 여행용 가방이나 블루투스가 내장된 스마트 운동화 등 일상

샤오미의 주요 제품들

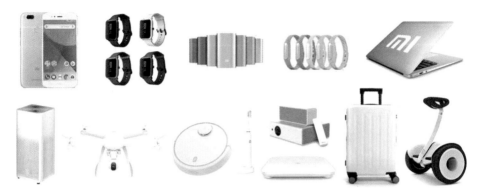

샤오미는 우리에게 잘 알려진 스마트폰, 보조 배터리, 스마트밴드 등 IT 제품 외에도 공기청정기와 드론, 로봇청소기, 체중계, 전동스쿠터 심지어는 여행용 가방까지 샤오미 팬덤이 기대하는 거의 모든 상품을 시장에 선보이고 있다. (출처: 샤오미 홈페이지)

생활영역까지 제품 포트폴리오를 확대하고 있다. 즉 사업의 영역을 제품으로 규정짓는 것이 아니라 샤오미의 고객이 샤오미로부터 원하는 것이 무엇인가로부터 출발해 다양한 시도를 해나가는 것이다. 이러한 실험정신은 샤오미의 주 고객인 젊은 층으로부터 뜨거운 호응을 얻으며 샤오미의 팬덤을 더욱 견고하게 만드는 실질적인 역할을 하고 있다.

　샤오미는 '고객이 원하는 제품이 잘 팔리고 잘 팔리는 제품이 좋은 제품'이라는 고객가치의 첫 번째 본질을 자신들의 비즈니스 프로세스에 충실히 반영해 수많은 '대륙의 실수'를 만들어냈다. 고객을 최우신으로 하는 샤오미의 일하는 방식이 지속하는 한 그 행진은 앞으로도 계속될 것으로 보인다.

2

'고객이 가치 있다고
생각하는 것'은 계속 변한다

같은 성공은 반복되기 어렵다. 후발주자의 시장 진입에 따른 경쟁 환경의 변화도 있겠으나 무엇보다도 '고객이 가치 있다고 생각하는 것'이 계속 변하기 때문이다.

하루하루 바쁘게 살다 보면 사는 동네에 많은 것들이 바뀌고 있음에도 눈치채지 못하고 무심코 지나치는 경우가 많다. 얼마 전 동네 아파트 단지 상가에 있는 작은 슈퍼가 문을 닫았다. 차로 5분 거리에 홈플러스 매장이 있고 걸어서 5분 거리에 또 다른 대형마트가 들어오다 보니 슈퍼의 주인도 더는 버티기가 어렵다고 판단한 것 같다. 슈퍼가 나간 자리에 어떤 가게가 들어올까 궁금했는데 얼마 지나지 않아 가게 입구에 유명 편의점의 가맹점 개점을 알리는 플래카드가 걸렸다.

걸어서 10분 거리에 이미 5개의 편의점이 있는데 또 편의점이 들어온다. 그만큼 자영업을 하는 분들이 새로운 사업 아이템을 찾기가 쉽지 않다는 이야기일 것이다. 곰곰이 생각해보니 지난 몇 년 동안 이 작은 동네 상권에도 많은 변화가 있었다. 아들이 어렸을 때 하루가 멀다고 만화영화를 빌려 오던 비디오 가게는 언제 사라졌는지 기억도 잘나지 않고 골목마다 하나씩 있던 중국집도 거의 보이지 않는다. 반면 커피숍은 자고 나면 하나씩 새로 생긴다. 일부 커피숍에서는 아메리카노 한 잔에 1,000원씩 팔면서 극한의 가격 경쟁을 하고 있지만 빈자리만 생기면 여지없이 또 커피숍이 들어온다. 그만큼 커피숍이 상대적으로 창업이 쉽다는 의미일 것이다.

피트니스 센터가 나간 빌딩 상가에는 버거킹이 들어오고 그 옆 건물에는 스크린 골프장이 들어왔다. 아파트 단지 상가에는 아직도 부동산 중개업소 3개와 보습 학원, 미용실, 세탁소, 치킨 가게가 버티고 있다. 앞으로 10년이 지나면 또 어떤 가게들이 문을 닫고 어떤 가게들이 마지막까지 남아 있을까?

지금 이 순간에도 우리가 의식하든 못하든 소비자의 소비 기준은 계속 변하고 있으며 이러한 변화는 작게는 동네의 상권을 바꾸고 크게는 영원히 지속할 것만 같던 글로벌 1등기업의 몰락을 가져오기도 한다.

때로는 기술의 발전이 새로운 고객가치를 만들고 이 새로운 고객가치가 전혀 생각하지 못했던 거대한 시장을 새롭게 만들기도 한다. 무선 인터넷의 발전은 애플이 아이폰을 만들 수 있는 기술적 기반을 제공했고 아이폰의 출현은 휴대폰의 고객가치를 통화에서 콘텐츠의 소비와 소셜 네트워킹으로 바꾸었다. 이렇게 시작된 스마트폰이라는 거대한 시장은 그 시장이 탄생하는 데 선구자 역할을 한 애플에게 전 세계 시가총액 1위 기업으로 성장할 기회를 제

동네에서 사라진 가게들과 새로 생긴 가게들

동네 슈퍼가 사라지고 그 자리에 유명 편의점들이 들어오고 있다.

분식집이 사라지고 그 자리에 패스트푸드점이 들어오고 있다.

동네 문구점이 사라지고 그 자리에 다이소가 들어오고 있다.

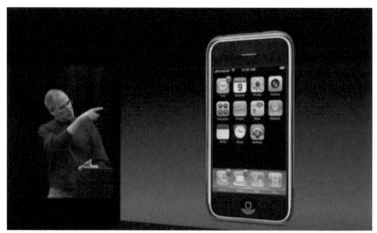

스티브 잡스가 2007년 1월 9일 첫 아이폰 제품을 소개하고 있다. 아이폰의 출현은 휴대폰의 고객가치를 통화에서 콘텐츠의 소비와 소셜 네트워킹으로 바꾸었다. (출처: 유튜브)

공했다. 하지만 이러한 고객가치의 변화는 통신 시장에서 영원히 글로벌 1등 기업으로 남아 있을 것 같던 노키아에게 과거에 만들어내던 고객가치만으로는 더는 생존이 어려운 극한의 경쟁 환경을 만들어주었다.

　고객이 가치 있다고 생각하는 것은 계속 변한다. 이러한 고객가치의 변화는 그 변화를 읽고 준비하는 기업에는 시장의 판도를 바꾸는 새로운 기회를 제공한다. 하지만 그렇지 못한 기업에는 생존을 위협받는 절체절명의 위기가 된다.

3

고객이 다르면 고객가치도 달라진다

시장이 바뀌면 고객이 달라지고 고객이 달라지면 고객이 원하는
고객가치 또한 달라진다. 따라서 사업이 성공하기 위해서는 어느
시장의 어느 고객을 대하더라도 그들이 원하는 것이 무엇인지를
'새롭게 탐색'하는 노력을 게을리해서는 안 된다.

중동을 잘 아는 사람들에게 국가의 규모와 경제적인 잠재력 측
면에서 대표적인 시장을 꼽으라고 한다면 대부분 고민 없이 터키
와 이란이라고 말할 것이다. 지도에서 보듯이 터키와 이란은 서로
가 국경을 맞대고 있다. 같은 이슬람 국가에 인구도 8,000만 명 수
준으로 비슷하다. 다만 1인당 국민소득은 2016년 기준 터키가 1만
1,000달러 수준으로 이란보다 두 배 정도 높다.

2002년 월드컵을 통해서 잘 알려진 것처럼 터키는 한국을 형제
의 나라로 부를 정도로 한국에 대한 호감도가 매우 높은 나라이다.
이란 또한 현지에서 방영된 TV 드라마 「대장금」과 「주몽」이 시청

중동의 강호 터키와 이란

같은 이슬람 국가로 서로 국경을 맞대고 있으며 인구 규모도 8,000만 명 수준으로 서로 비슷하여 언뜻 보면 비슷한 시장처럼 보인다. 하지만 문화와 생활 방식의 차이로 인하여 생활 가전제품에 대한 취향은 상당히 다른 모습을 보인다.

률 80%를 넘길 정도로 한국문화를 사랑하고 한국산 제품에 대해서는 중국산 대비 20% 이상의 가격 프리미엄을 줄 정도로 이란 소비자의 한국 브랜드에 대한 신뢰는 매우 높다. 이렇다 보니 터키와 이란은 한국기업들에게 놓칠 수 없는 중동의 전략 시장으로 자리를 잡고 있다.

나도 두 나라를 모두 경험해보기 전에는 국민소득만 보고 당연히 터키가 이란보다 고가 제품이 많이 팔리는 프리미엄 시장일 것으로 생각했다. 히지만 뜻밖에도 냉장고 시장을 보면 이란에서 매년 30만 대 가까이 팔리는 대형 양문형 냉장고가 터키에서는 연 2만 대가 채 팔리지 않는다.

국민소득과는 정반대의 경향을 보이는 이러한 프리미엄 냉장고

터키와 이란의 주요 경제 지표 비교

항목	터키	이란	비고
인구	약 8,191만 명	약 8,201만 명	2017년
1인당 국민소득	1만 1,000달러	5,443달러	2017년
면적	한반도 3.6배	한반도 7.5배	
종교	이슬람	이슬람	
주식	케밥	찌개요리	
전체 냉장고 수요	3.2백만 대	1.1백만 대	2014년
양문형 냉장고 수요	1만 6,000 대	30만 대	2014년
양문형 냉장고 비중	5%	27%	2014년

(출처: CEIC, 마켓 리서치)

의 수요 차이는 두 나라의 식생활 차이에서 온다. 케밥을 주식으로 하는 터키는 항상 신선한 고기를 바로 사다가 요리한다. 그러다 보니 큰 냉동실이 필요하지 않으며 자연스럽게 용량이 큰 양문형 냉장고보다는 유럽식 중소형 냉장고를 선호한다. 반대로 이란은 썬 채소를 다진 고기와 함께 넣어 끓여 먹는 찌개가 주식이다. 그러다 보니 어느 집에 가더라도 냉장고의 냉동실 속에는 다져 얼려놓은 다양한 채소와 고기로 가득 차 있다. 이렇다 보니 이란의 중산층 가정에는 큰 냉동실이 있는 양문형 냉장고가 필수적이다. 심지어는 별도의 냉동고를 추가로 사용하는 고객들도 꽤 있다.

이렇듯 두 나라의 식생활 문화가 다르면 냉장고에 대한 소비자의 사용 행태가 달라지고 선호하는 제품의 사양이 달라진다. 당연히 냉장고를 만들어 판매하는 회사들의 두 나라에 대한 제품과 마케팅 전략도 달라질 수밖에 없다. 만약에 어떤 기업이 이러한 시장별 고객 요구의 차이를 무시하고 한 시장에서 잘 팔린다고 그 제품을 다른 시장에 무리하게 판매하려 한다면 판매에 어려움을 겪는

냉장고 시장을 보면 이란에서 매년 30만 대 가까이 팔리는 대형 양문형 냉장고가 터키에서는 연 2만 대가 채 팔리지 않는다.

것은 물론 시장에 맞지 않는 제품 구성의 운영으로 고객들의 브랜드에 대한 충성도 또한 약화할 것이다.

이렇듯 가전제품 하나만을 놓고 보더라도 고객이 원하는 것은 소비자들의 생활습관, 문화, 그리고 소득 수준에 따라서 시장별로 얼마든지 달라질 수 있다. 이러한 시장별 고객 요구의 차이를 무시하고 기업의 편의로 획일화된 상품이나 서비스를 무리하게 공급하려 하면 시장에서 새로운 수요 창출에 실패해 내부적인 비용 절감보다 손실이 더 커지는 상황이 생길 수도 있다.

따라서 새로운 사업을 시작하거나 새로운 시장에 처음 진입해야 한다면 '고객이 달라지면 고객가치도 달라진다.'라는 것을 명심하고 '새로운 고객들이 원하는 것이 무엇인지'를 '새롭게 탐색'하는 노력을 진지하게 해야만 그 시장에서 성공할 확률을 높일 수 있다.

4

때로는 고객도 잘 모른다

> 고객의 무의식 속에는 고객 자신도 명확하게 설명하기 어려운 잠
> 재적 욕구가 숨어 있다. 차별적 고객가치를 만들어내기 위해서는
> 고객의 무의식 속에 숨어 있는 이러한 잠재적 욕구를 찾아내는
> 일이 매우 중요하다.

　새로운 상품을 기획할 때 어떤 기능들을 적용할 것인가를 결정
하는 일은 매우 중요하다. 하지만 기능 못지않게 심혈을 기울여 준
비하고 의사결정하는 부분이 디자인이다. 디자인은 그 상품의 브
랜드 정체성과 품격을 결정하는 대표적인 감성적 고객가치 중의
하나이며 어떤 상품이 기능만으로 차별화가 어려울 때 또 다른 차
별화를 가능하게 하는 중요한 상품기획 요소이다.

　특히 스마트폰이나 스마트워치 같은 개인 휴대용 제품들은 제품
특성상 외관이 계속해서 타인에게 노출되기 때문에 디자인에 대한
고객들의 민감도가 타 제품 대비 높을 수밖에 없다. 따라서 다소

시대에 뒤떨어지거나 반대로 너무 튀는 디자인을 제안할 경우 디자인에 대한 고객들의 비호감도가 증가해 좋은 기능과 성능을 갖추었음에도 시장에서 실패하는 경우가 종종 있다.

스마트폰과 같은 소형 IT 제품의 디자인은 크게 형상, 컬러, 재질의 세 영역으로 나누어서 진행된다. 이 중에서도 마지막까지 고객조사를 반복하며 심혈을 기울이는 부분이 컬러 영역이다. 특히 요즘같이 컬러에 대한 선호도가 세대마다 다르고 매년 유행이 바뀌는 상황에서 컬러의 선정은 더욱 신중할 수밖에 없다. 컬러의 큰 트렌드는 패션업계가 뉴욕, 파리, 런던, 밀라노 등 주요 패션쇼를 통해 제시하는 경우가 많다. 이러한 패션업계의 컬러 트렌드는 IT, 자동차, 생활 가전 등 대부분 산업군의 제품 디자인 방향에 적지 않은 영향을 준다.

물론 개별 기업에서는 이러한 컬러 트렌드에 더해 주력하는 시장에서 별도의 고객조사를 하고 각 제품에 맞는 연도별 컬러 로드맵을 수립한다. 그리고 매년 이 로드맵을 업데이트를 해나가는 것이 일반적인 과정이다. 이렇게 준비된 로드맵을 기반으로 컬러의 큰 방향성이 정해지면 개별 모델의 디자인을 확정하는 단계에서 주요 시장과 거래처별로 다시 한 번 고객조사를 해 시장별로 고객들이 선호하는 컬러에 대한 마지막 튜닝 작업을 진행한다. 이렇게 여러 차례의 고객조사를 통해서 선정된 컬러도 막상 시장에 나가면 고객들로부터 외면당하는 경우가 종종 있어 그 선정 작업이 생각처럼 쉽지만은 않다.

이러한 어려움은 고객조사를 할 때 조사에 참여한 고객들이 평소 매장에서의 컬러 선택과는 달리 상당히 감성적이면서도 공격적인 컬러를 선택하는 경우가 많기 때문이다. 고객조사 시에는 돈을 내고 구매해야 한다는 부담이 없다 보니 실제 매장에서 구매할 때 선택을 꺼리는 빨간색이나 노란색 같은 튀는 컬러도 과감하게 선택하며 검정이나 실버 등 보수적인 컬러는 대체로 선호도가 떨어지는 경우가 많다.

하지만 막상 제품이 출시되어 매장에서 실제로 구매 의사결정을 해야 하는 상황이 되면 고객들의 의사결정은 매우 이성적으로 바뀌며 검정이나 실버같이 오랫동안 사용해도 싫증이 안 나는 무난한 컬러를 선택하게 된다. 따라서 고객조사 결과를 그대로 반영해 컬러 선정을 하면 낭패를 볼 수가 있다. 이는 고객의 의식 속에 있는 이성적인 가치 판단과 무의식 속에 있는 감성적인 가치 판단이 상황에 따라 서로 다르게 작용하기 때문이다.

애플 에어팟

반대로 고객조사 시에 매우 부정적인 평가를 받았던 제품이 막상 출시되고 나서 히트 상품이 되는 경우도 종종 있다. 앞의 컬러 사례와는 반대로 고객조사 시에는 기능과 성능을 중심으로 상당히 이성적인 가치 판단을 하다가 막상 구매하는 순간에는 디자인이나 브랜드 같은 감성 가치에 더 의미를 두고 전혀 생각하지 못했던 구매 의사결정을 하는 경우이다.

최근 젊은이들 사이에서 인기를 끌고 있는 애플의 무선 이어폰 '에어팟AirPods'이 이러한 좋은 사례가 될 것이다. 애플이 아이폰7을 출시하면서 스마트폰 본체에 이어폰 단자를 제거하고 대신 블루투스로만 연결이 가능한 무선 이어폰 '에어팟'을 처음 소개했을 때 고객들의 반응은 매우 부정적이었다. 지금도 인터넷에 '에어팟'을 치면 그 당시에 블로거들이 '에어팟'에 대해 쓴 냉소적인 글들을 쉽게 찾아볼 수 있다.

고객들에게는 우선 기존에 사용하던 유선 이어폰과 헤드셋들이 다 무용지물이 되고 20만 원이 넘는 비싼 비용을 지불하고 무선 이어폰 에어팟을 별도로 구매해야 한다는 사실 자체가 여간 심기가 불편한 일이 아닐 수 없었다. 그러다 보니 시장에 제품이 출시도 되기 전에 인터넷에는 에어팟의 제품성에 대한 부정적인 평가가 가득했다.

'충전해야만 사용할 수 있고 주변의 작은 충격에도 귀에서 쉽게 분리되어 분실이나 손상의 위험이 크다. 무선으로 인하여 음질도 유선 대비 떨어지고 디자인 또한 애플답지 않다.' '소비자의 의견이나 사용성은 전혀 반영하지 않은, 혁신에 대한 과도한 자신감으로 만들어낸 애플의 실패작이다.' 등등…….

하지만 시장의 우려와는 달리 막상 에어팟이 출시되고 나자 상황은 180도 바뀌었다. 이어폰 하나에 20만 원이 넘는 고가에도 젊은이들 사이에서 가장 인기 있는 스마트폰 액세서리로 자리를 잡았다. 이제는 아이폰뿐만 아니라 안드로이드폰을 사용하는 고객들 사이에서도 에어팟을 사용하는 사람들을 쉽게 볼 수 있다.

이어폰을 사용하다 보면 이어폰 줄이 거추장스럽고 불편하므로 이어폰에 줄이 없었으면 좋겠다는 생각은 누구나 할 수 있다. 하지만 자주 충전해야 하고 사용 중에 귀에서 분리되면 분실이나 외관 손상의 우려가 있다. 거기다 부품의 소형화를 위해 10만 원이 넘는 고가에 판매해야 한다면? 이 아이디어가 실제 고객조사에서 고객

무선 이어폰 에어팟

의 눈높이를 통과하기는 쉽지 않을 것이다.

물론 고가의 가격에도 불구하고 에어팟이 성공한 데는 애플의 브랜드 파워가 기여를 많이 했을 것이다. 그러나 그것보다는 무선 이어폰이라는 하이테크 기술을 선망하는 고객들의 잠재 욕구가 제품이 출시되기 전에는 제대로 표출이 안 되다가 실제로 시장에 제품이 출시되고 줄 없이 폼나게 에어팟을 사용하는 사람들이 길거리에 하나둘씩 늘어나면서 그동안 숨어 있던 잠재욕구가 표출되기 시작한 것이다.

이처럼 고객의 무의식 속에 잠재된 숨은 욕구를 찾아내는 일은 고객에 대한 반복적인 관찰과 심도 있는 교감을 필요로 하는 상당히 어려운 작업이다. 하지만 어려운 만큼 잘만 찾아낸다면 시장에서 우리가 제공하는 상품과 서비스의 가치를 차별화하는 데 핵심적인 역할을 할 것이다.

3장

전략의 핵심

고객가치

고객이 바뀌면 고객가치가 달라져야 하고 고객가치가 달라지면 우리
가 하고자 하는 사업 또한 달라진다. 따라서 '어떤 사업을 할 것인가?'
는 '어떤 고객가치를 만들어낼 것인가?'에서 출발한다. 이것이 곧 우리
가 하는 사업의 방향을 결정하는 일이다.

1

고객가치의 핵심 요소

고객가치는 고객이 어떤 가치를 추구하느냐에 따라 기능적 가치, 감성적 가치, 정신적 가치로 나누어진다. 우리가 만들어내는 대부분의 고객가치는 이 세 가지 핵심 요소를 복합적으로 가지고 있다. 이 핵심 가치들을 어떻게 블렌딩하느냐에 따라 고객가치의 맛과 향이 달라진다.

고객들이 고객가치를 평가할 때 가장 이성적으로 인지하고 판단하는 첫 번째 핵심 가치는 기능적 가치이다. 기능적 가치를 추구하는 고객들은 상품이나 서비스가 제공하는 '기능적 효용성'을 중요시하며 효용성이 큰 차별적 기능 가치에 대해서는 기꺼이 가격 프리미엄을 지불하는 경우가 많다. 따라서 기능적 가치가 단순히 싼 가격에 좋은 상품이나 서비스를 제공하는 가성비만을 의미하지는 않는다는 것을 명심하자.

두 번째 핵심 가치인 감성적 가치는 디자인, 매장 분위기, 직원들

고객가치의 3가지 핵심 요소

기능적 고객가치	감성적 고객가치	정신적 고객가치
• 기능·성능 • 품질·맛 • 가격	• 디자인 • 분위기·멋 • 서비스	• 희소성 • 신분의 상징 • 브랜드 품격

의 서비스 등 고객의 취향에 따라 판단 기준이 수시로 달라지는 주
관적이면서도 감성적인 가치항목이다. 감성적 가치를 중시하는 고
객들은 기능적 가치 못지않게 감성적인 만족 여부에 따라 상품과
서비스의 좋고 나쁨을 평가한다. 비록 기능적 가치가 충족되더라
도 감성적으로 만족하지 않으면 지갑을 열지 않는다. 반대로 기능
적으로 다소 불만족스럽다 하더라도 감성적 가치가 충족되면 다소
비이성적으로 보이는 구매 의사결정도 서슴지 않고 하곤 한다.

마지막으로 정신적 가치는 추구하는 고객들의 가치판단 기준이
상당히 까다로워 기능적이나 감성적인 만족을 넘어서 그들만을
위한 희소가치를 추구하고 그 가치를 신분의 상징symbol of status
으로 받아들인다. 이 고객들은 이러한 정신적 욕구가 충족되지 않
으면 그 가치의 값어치를 의미 있게 평가하지 않는다. 고객가치를
기능적 가치, 감성적 가치, 정신적 가치로 나누어서 단계별 구분한
다고 해서 특정 가치가 다른 가치에 대해서 절대적인 가치의 우월
성을 가진다는 것을 의미하지는 않는다.

예를 들면 1,000만 원을 호가하는 명품 시계나 수백만 원대의
고급 패션 시계도 기능적 측면에서는 10만 원대의 전자시계를 쫓
아가지 못한다. 따라서 기능을 중요시하는 고객에게는 수백만 원
짜리 명품 패션 시계보다는 10만 원짜리 전자시계가 훨씬 더 가치

있는 제품이 되는 것이다.

　이렇듯 고객마다 추구하는 가치가 서로 다르므로 같은 가치를 제안하더라도 고객이 누구냐에 따라 가치평가는 달라질 수 있다. 반대로 고객이 같아도 제안하는 가치가 달라지면 당연히 그 가치에 대한 고객의 평가는 달라진다. 따라서 새로운 사업을 할 때는 사업 규모의 크고 작음을 떠나 반드시 '우리의 고객이 누구이고 어떤 가치를 추구하는가?'를 정확히 알아야 하며 '어떤 가치를 제안해야 고객들로부터 선택받을 수 있을 것인가?'에 대한 고민을 충분히 하고 출발해야 할 것이다.

기능적 가치
: 합리적이며 이성적이다

기능적 가치에 대한 고객의 가치판단은 매우 합리적이며 이성적이다. 따라서 차별적 효용성이 큰 기능적 가치에 대해서 고객들은 언제든지 기꺼이 가격 프리미엄을 지불할 준비가 되어 있다.

LG 스타일러

아직 냉장고나 세탁기처럼 그렇게 많이 대중화되지는 않았지만 기존에 없던 기능적 가치를 발굴하여 '의류 관리기'라는 새로운 시장을 만들어낸 제품이 LG의 스타일러Styler 이다. 의류 관리기란 이름 자체가 왠지 무겁게 느껴져 이 제품이 세탁소와 같은 전문 업소에서나 사용할 듯한 제품처럼 보인다. 하지만 실제로는 '이런 제품이 집에 하나 있었으면……' 하는 평범한 고객의 요구를 상품화하여 일반 가정에서 누구나 쉽게 사용할 수 있도록 한 생활가전 제품 중의 하나이다.

더운 여름, 출근길에 입고 나온 옷에서 어제 흘렸던 축축한 땀이

LG 의류 관리기 트롬 스타일러

(출처: LG 전자 홈페이지)

그대로 느껴지고 게다가 저녁에 먹은 고기 냄새까지 배어 있다면? 청바지나 면티처럼 간편한 일상복이라면 집에 있는 세탁기로 세탁하면 되겠지만 양복이나 원피스 같은 정장이라면 그때마다 세탁소에 맡기기도 쉽지는 않을 것이다. 이럴 때 퇴근해서 옷을 벗어 옷걸이에 걸어만 놓으면 자동으로 세탁과 건조와 다림질이 한꺼번에 되어 아침에 출근할 때는 옷장에서 새 옷처럼 꺼내 입을 수 있다면 그 편리한 기능적 가치만으로도 고객들의 사랑받는 히트 상품이 되기에 부족함이 없을 것이다.

물론 현재의 기술로 이렇게 완벽한 기능을 제공하는 제품을 일반 가정에서 사용할 수 있도록 하기는 쉽지 않다. 하지만 LG는 이러한 고객의 희망 사항을 최대한 근접해서 만족시킬 방법을 끊임없이 연구하여 의류 관리기라는 새로운 제품을 만들어냈다. 이 제품의 기능 원리는 뜻밖에 간단하다. 물과 세제를 이용해 세탁하는 일반 세탁기와 달리 입었던 옷을 옷장에 걸듯이 의류 관리기 안에 걸어놓으면 진동과 뜨거운 증기를 이용해 살균, 탈취, 주름 제거, 먼지 제거를 한 후 마지막에 건조까지 자동으로 한다.

이 간단한 기능을 구현하기 위해서는 세탁기의 스팀 기술, 냉장고의 온도 관리 기술, 그리고 에어컨의 기류 제어 기술 등 3대 생활가전 제품의 핵심 기술이 복합적으로 필요하다고 하니 만드는 사람에게는 생각처럼 그렇게 간단한 제품은 아닌 것 같다. 아무튼 출시 초기 낮은 인지도로 시장 확대에 어려움을 겪던 의류 관리기 시장은 LG 스타일러의 성공으로 빠르게 성장하고 있다. 삼성과 코웨이 등 다른 생활가전 회사들도 본격적으로 의류 관리기 시장에 진출한다고 한다. 이렇듯 생활 속의 작은 아이디어가 기술을 만나 의미 있는 기능적 가치가 되고 고객들에게 '차별적 효용성'을 제공하는 상품으로 발전해 기존에 없던 '의류 관리기'라는 새로운 시장을 만들어낸 것이다.

LG의 의류 관리기 사례에서 볼 수 있듯이 기능적 가치를 추구하는 고객들의 가치 판단은 매우 이성적이다. 기능적 가치가 성공하기 위해서는 그것이 고객들에게 의미 있는 '차별적 효용성'을 제공할 수 있어야 한다. 물론 원가 혁신을 통해 경쟁자가 따라오기 어려운 가격 경쟁력을 확보할 수만 있다면 가격을 무기로 한 가성비 확대도 좋은 경쟁 전략이 될 수도 있다. 하지만 원가 혁신이 뒷받침되지 않는 단순한 가성비 확대는 경쟁자의 가격 공세에 쉽게 노출되며 다른 전략에 비해서 시장에서의 경쟁 강도 또한 매우 세다.

따라서 새롭게 시작하고자 하는 사업이 기능적 가치를 핵심가치로 추구한다면 반드시 기능적으로 의미있는 차별적 효용성을 만들어 후발주자의 진입을 막는 것이 매우 중요하다.

기능적 가치의 딜레마

　기능적으로 좋은 제품이라 해서 누구에게나 매력적이며 잘 팔리는 것은 아니다. 따라서 기능적 고객가치를 제안할 때는 '누구를 위한 고객가치인가?' 그리고 그 고객들에게 의미 있는 '차별적 효용성을 제공하는가?'를 항상 먼저 생각해야 한다. 스마트 기기의 상품기획을 하다 보면 자연스럽게 IT 제품에 대해 마니아가 되고 나도 모르게 고객보다는 제품과 기술 그 자체에 몰입되는 경우가 종종 있다. 아마 모든 상품 기획자가 비슷한 애로사항을 가지고 있을 것이다.

　나름 첨단 IT 제품으로 평가를 받는 스마트 워치를 개발할 때의 일이다. 스마트 워치는 시간을 알려주는 시계 본연의 기능 외에 전화, 문자, 카톡, 페이스북 등 SNS나 메일 등이 도착하면 알려주는 기능을 가지고 있으며 비록 작은 화면이지만 간단하게 내용도 확인할 수가 있다. 그리고 스마트폰과 똑같이 새로운 앱을 설치할 때마다 새로운 기능이 다양하게 확장된다.

　스마트 워치를 차고 있으면 친구나 지인이 보낸 전화, 문자, 카톡을 놓치는 일은 거의 없다. 혹시나 회사에서 직장 상사의 전화나 카톡을 놓쳐서 애를 먹는 경우가 종종 있다면 한 번 사용해볼 것을 적극 추천한다. 스마트 워치는 또한 시계 배경 화면을 수시로 바꾸어가며 사용할 수 있어 나름 감성적인 매력도 있다. 시계 배경 화면을 바꿈에 따라 스포츠용 시계가 되기도 하고 명품 아날로그 시계가 되기도 하며 그날의 코디에 어울리는 패션 시계로 변신하기도 한다.

스마트 워치

스마트 워치를 차고 있으면 친구나 지인이 보낸 전화, 문자, 카톡을 놓치는 일은 거의 없다. 혹시나 회사에서 직장 상사의 전화나 카톡을 놓쳐서 애를 먹는 경우가 종종 있다면 스마트 워치를 한 번 사용해볼 것을 적극 추천한다. 스마트 워치는 또한 시계 배경 화면을 수시로 바꾸어가며 사용할 수 있어 나름 감성적인 매력도 있다.

최근에는 통화 기능을 갖춘 모델이 출시돼 스마트폰 없이 시계만으로도 전화통화를 하거나 문자를 주고받을 수도 있다. 이제 산책하러 나갈 때 스마트 워치만 차고 나가면 스마트폰을 집에 놔두고 나가도 급한 전화나 문자를 주고받는 데 전혀 문제가 없다. 이런 스마트 워치에도 단점은 있는데 시계에 내장된 배터리 용량이 크지 않아 스마트폰과 같이 거의 매일 충전을 해야 한다는 것이다.

스마트폰으로 할 수 있는 다양한 기능들을 손목에 차는 시계만으로 할 수가 있다. 어렸을 때 SF 영화에서나 보던 시계 전화가 실제로 상품화된 것이다. 상품을 기획하는 사람으로서 이렇게 다양한 첨단 기능을 가진 스마트 워치는 사지 말아야 할 이유를 찾기 어려운 아주 매력적인 IT 제품이 아닐 수 없었다.

2010년대 중반에 나왔던 주요 시장조사 기관의 예측 자료를 보면 앞으로 10년 안에 스마트 워치 시장이 급격하게 커질 것이며 나아가 스마트폰의 뒤를 잇는 차세대 스마트 기기의 대표주자가 될 것이라는 희망적인 전망이 많았다. 하지만 5년이 지난 지금 스마트 워치 시장은 아직도 초기 시장의 울타리를 벗어나지 못하고 있다. 왜 그럴까? 왜 이렇게 기능적으로 좋은 제품을 소비자들이 안 사는 걸까? 차는 것만으로도 시대를 앞서 가는 듯한 하이테크 감성이 느껴지고 스마트폰으로 하던 다양한 기능을 편리하게 할 수 있는데?

스마트 워치의 새로운 고객가치를 발굴하기 위해 신촌과 강남 등 젊은이들이 많이 모이는 주요 장소를 찾아가 스마트 워치의 잠재 고객들을 대상으로 고객 조사를 한 적이 있었다. 어떤 시계 화면이 마음에 들고, 어떤 기능이 추가됐으면 좋겠고, 가격은 어느 정도가 적당한지 등등……. 그때 고객 조사로부터 아주 재미있는 사실을 발견할 수 있었다. 요즘 젊은이들이 거의 시계를 차지 않는다는 것이었다. 그 당시 조사 결과에 따르면 시계를 차고 있거나 앞으로 찰 의향이 있다는 응답자가 30%가 채 되지를 않았다. 대다수 답변자는 시계를 차고 다니는 것을 귀찮아했으며 스마트폰이 항상 손에 있으므로 시간 확인을 위해 별도로 시계를 차고 다닐 필요가 없다는 의견이 많았다. 물론 시계를 차고 있거나 앞으로 차겠다고 답변한 사람들조차도 시간 확인 등 시계 본연의 기능보다는 그날그날의 복장과 코디를 맞추기 위한 패션 액세서리의 역할에 더 의미를 두고 있었다.

이렇듯 최신 기술을 이용해 기능적으로 아무리 좋은 제품을 만들어내도 그 기능적 가치를 필요로 하는 고객이 제한적이라면 의미 있는 규모의 시장을 새롭게 만들어내기는 생각처럼 쉽지 않다. 특히 스타트업의 경우 이런 경향은 더욱 두드러질 것이다. 새로운 기술이나 아이디어의 차별성만을 가지고 급하게 사업을 시작하는 경우 그 차별성이 고객들이 원하는 실질적인 고객가치를 만들어내지 못해 시장에서 실패하는 경우가 많을 것이다. 기능적 가치가 성공하기 위해서 꼭 필요한 것은 만드는 사람 입장에서의 '차별성'이 아니라 고객 관점에서의 '차별적 효용성'이다. 무엇보다도 이 '효용성'을 필요로 하는 고객들의 수요를 충분히 창출할 수 있어야만 새로 제안하는 고객가치가 의미 있는 규모의 시장을 창출할 수 있다.

3

감성적 가치
: 감성적이며 충동적이다

감성적 가치는 소비자의 감성적 욕구를 자극해 기능적 가치로 차
별화가 어려운 부분을 차별나게 한다. 더 나아가 충성 고객층을
두텁게 만들고 브랜드의 정체성을 형성하는 데도 핵심적인 역할
을 한다.

스타벅스

미국의 시애틀 하면 50~60대는 맥 라이언과 톰 행크스가 주연
한 로맨틱 코미디 영화「시애틀의 잠 못 이루는 밤」을 떠올릴 것이
다. 하지만 젊은이들은 아마존 본사나 커피전문점 스타벅스를 먼
저 생각하지 않을까? 시애틀에는 스타벅스 본사와 스타벅스 원두
커피 로스팅 공장이 있고 1976년에 문을 연 스타벅스 1호점이 아
직도 성황리에 영업 중이다.

스타벅스가 1971년 워싱턴 주 시애틀에 첫 매장을 열 때는 커피
원두를 판매하는 소매점으로 시작했다. 그때만 해도 미국에는 지

스타벅스 1호점

스타벅스 1호점 매장의 위치는 1971년부터 1976년까지 시애틀 웨스턴 에비뉴 2000번지였으나 나중에 파이크 플레이스 1912번지로 이동하여 현재까지 성업 중이다. 이제는 시애틀의 관광명소가 되어 오후가 되면 관광객으로 북새통을 이룬다.

금과 같은 에스프레소 커피 전문점이 거의 없을 때였다. 대부분의 커피 애호가들은 커피 원두를 사다가 집에서 직접 갈아 마셨기 때문에 스타벅스가 커피 원두 소매점으로 사업을 시작한 것은 어쩌면 당연한 것이었다.

이렇듯 커피 원두 소매점만을 운영하던 스타벅스는 뒤늦게 스타벅스 경영진에 합류한 하워드 슐츠Howard Schultz가 1983년 이딜리아의 카페 문화를 모방한 에스프레소 커피 전문 매장을 미국에 오픈하면서 지금과 같은 커피 전문점으로 발전하게 된다.

늘 바쁘고 편한 것을 추구하는 미국인들에게 고급스러운 원두커

국내 최대 규모의 스타벅스 더종로점

총면적 332평 국내 최대 면적의 스타벅스 종로점이 2017년 12월에 문을 열었다. 스타벅스 프리미엄 매장 콘셉트인 커피 포워드 매장과 티바나 인스파이어드 매장을 통합 운영하며 매장 2층 정 중앙에 '그랜드 바'라는 명칭의 스타벅스 국내 최장 길이인 25미터의 바를 갖추고 있다. (출처: 스타벅스코리아)

피를 밖에서도 간편하게 마실 수 있다는 것은 매우 매력적이었다. 덕분에 스타벅스는 미국 전역에 빠르게 매장을 늘려나갈 수 있었다. 1992년 기업을 공개할 당시 미국 내 165개 매장을 가지고 있었던 스타벅스는 이제 전 세계 76개국에 2만 개가 넘는 매장을 가진 세계에서 가장 큰 다국적 커피 전문점 체인이 됐다.

1999년 한국 시장에 처음 진출한 스타벅스는 우리나라의 커피 문화를 바꾸는 데도 큰 역할을 했다. 그선까지 커피 믹스에 익숙해 있던 한국 소비자들은 유럽의 노천카페를 연상시키는 클래식한 매장 분위기, 스타벅스 로고가 붙어 있는 다양한 디자인의 텀블러,

스타벅스만의 로스팅 공법이 만들어내는 왠지 좀 쓰게 느껴지는 커피 맛 등에 매료되기 시작했다.

스타벅스 매장은 20~30분의 만남을 위해서 가는 약속 장소로서의 커피숍이 아닌 재즈 음악을 들으며 창밖으로 지나가는 사람들을 바라보고 군중 속에서도 나 혼자만의 오붓한 시간을 만끽할 수 있는 '품격 있는 쉼의 장소'로 인식이 되기 시작했다. 점심에 라면을 먹더라도 후식으로는 라면 값보다 훨씬 비싼 스타벅스 커피를 마셔야 직성이 풀리는 젊은이들이 생길 정도로 우리의 커피 소비 문화를 바꾸어놓았다.

이제는 너무나 많은 커피 전문점 체인이 생겨나 편의점만큼이나 커피숍이 많아졌고 길을 걸으면서 커피를 마시는 것이 일상화됐다. 출근길에 한 손에 커피가 들려 있지 않으면 왠지 화장 안 하고 출근하는 듯한 느낌이 들 정도로 '커피 없이는 못 살아' 문화가 일상화됐다. 한쪽에서 1,000원에 팔고 있는 아메리카노 커피를 4,000원 이상 받아도 스타벅스 매장은 항상 손님들로 가득 차 붐비는 것을 보면 스타벅스만의 차별적인 감성적 가치는 여전히 식지 않고 고객들로부터 사랑을 받고 있는 것 같다.

스타벅스의 사례에서 보듯이 감성적 가치는 소비자의 감성적 욕구를 자극해 기능적 가치로 차별화가 어려운 부분을 차별나게 하며 더 나아가 충성 고객층을 두텁게 만들고 브랜드의 정체성을 형성하는 데도 핵심적인 역할을 한다.

감성적 가치의 딜레마

감성적 가치는 유행에 민감하고 휘발성이 강해서 한동안 고객들의 뜨거운 사랑을 받다가도 언제 그랬냐는 듯이 잊힐 수 있다. 따라서 감성적 가치 하나만으로 충성 고객층을 지속해서 유지하기는 쉽지 않다. 외국에서 일하는 후배가 한국에 출장을 와서 점심을 같이하기로 했다. 오랜만에 왔기에 한국에서 특별히 먹고 싶은 것이 있냐고 물어봤더니 바로 "평양냉면이요."라고 대답한다.

남북정상회담 만찬 메뉴로 평양냉면이 올라온 이후로 어디를 가나 평양냉면이 화제이다. 냉면집 앞에 길게 줄을 서서 기다리는 손님들의 모습이 뉴스에 나오고 마트에서 파는 봉지 냉면도 불티나게 팔린다고 한다. 그래서 그런지 후배와 만나기로 한 역 근처의 평양냉면 전문 식당을 인터넷에서 찾아 사전 예약차 전화를 하니 점심은 손님이 너무 많아 예약을 받을 수가 없다고 한다.

귀한 손님이 해외에서 왔다고 겨우 사정해서 가까스로 두 자리를 예약했다. 어렵게 예약을 마치고 인터넷에서 메뉴를 찾아보니 냉면 가격이 1만 2,000원. 보통 고깃집에 가면 비싸도 8,000원인데 얼마나 맛있길래 냉면 한 그릇에 1만 2,000원이나 할까? 다소 의아스럽기는 했지만 장안에 화제인 평양냉면이니 그럴 수도 있겠구나 하고 넘어갔다.

다음날 식당에 가니 조금 이른 시간이라 다행히도 자리는 여유가 있었다. 굵고 거친 냉면발에 담백한 맛이 그동안 고깃집에서 먹어봤던 일반 냉면과는 많이 달랐다. 후배에게 "맛있어?" 하고 물어보니 연신 고개를 끄덕였다. 솔직히 텁텁한 메밀 맛이 기존 냉면에 익숙한 내게 잘 안 맞는 듯했다. 하지만 드디어 나도 평양냉면을 먹어봤다는 뿌듯함에 식당을 나오는 데 12시도 채 안 됐는데 식당 앞에는 줄을 서서 기다리는 사람들로 가득했다. 이 사람들이 다 이전부터 평양냉면을 즐겨 찾던 사람들일까? 아니면 나처럼 요즘같은 시기에 한번은 먹어봐야 할 것 같아서 온 사람들일까? 앞으로 얼마 동안이나 이런 진풍경이 계속될까?

이렇듯 고객들의 감성적인 욕구를 자극하는 가치들은 유행에 매우 민감하며 가치에 대한 고객들의 충성도 또한 휘발성이 강해서 한동안 뜨겁게 고객들의 사랑을 독차지하던 상품이나 서비스가 하루아침에 고객들의 관심 밖으로 밀려나는 경우가 종종 있다. 불과 몇 년 전까지만 해도 사전 예약이 없으면 저녁 시간대에 자리를 잡기가 쉽지 않았던 패밀리 레스토랑들이 이제는 손님이 줄어 매장 수를 줄여나간다는 기사가 나오고 있다. 한때 중장년층의 국민 복장이 되다시피 해 어디를 가나 쉽게 볼 수 있었던 등산복 차림도 이제는 길거리에서 찾아보기가 쉽지 않다.

그럼 이렇게 휘발성이 강한 감성적 가치의 생명력을 길게 가져가는 방법에는 어떤 것들이 있을까? 첫 번째로 기존에 제공하던 감성 가치가 유행에 뒤처지지 않도록 지속해서 새로운 감성 가치를 더해 나가야 한다. 많은 기업들이 자신들의 트레이드마크인 브랜드 로고마저 시대 상황에 맞추어 계속 바꾸어나가는 이유도 브랜드가 주는 감성적 이미지가 노화되지 않도록 시속적인 노력을 기울이고 있는 좋은 예이다.

두 번째로 차별적 효용성이 있는 기능적 가치와의 결합을 통해 감성적 가치의 휘발성을 줄여나가야 한다. 스타벅스가 그 많은 후

스타벅스 로고 변천사

| 1971 | 1987 | 1992 | 2011 |

고객들의 취향과 시대적인 디자인 트렌드의 변화에 맞추어 스타벅스의 로고 또한 매번 단순하고 간결한 디자인으로 변화해 나가고 있다. (출처: 스타벅스)

발 커피 전문점의 등장에도 지속적인 성장을 유지할 수 있는 것은 특특한 매장 분위기와 브랜드가 주는 감성적인 가치뿐만 아니라 스타벅스만의 고품질 원두가 만들어내는 커피 맛이 좋은 평가를 받고 있기 때문이다.

　세 번째는 감성적 가치를 고품격의 브랜드 자산화해 정신적 가치로 승화시키는 것이다. 정신적 가치는 고객들의 충성도가 강하기 때문에 감성적 가치를 브랜드 자산화할 수 있다면 감성적 가치의 생명력을 길게 가져가는 데 많은 도움이 될 것이다.

정신적 가치

: 남과 다른 신분의 상징을 찾는다

정신적 가치는 브랜드의 정체성이 만들어내는 개별 브랜드의 고유한 품격으로 유행에 덜 민감하며 생명력 또한 강하다. 모든 고객가치는 정도의 차이는 있으나 정신적 가치 요소를 포함하고 있다. 이 정신적 가치를 어떻게 활용하느냐에 따라 브랜드의 품격과 포지션이 달라진다.

에미레이트 항공

해외 영업을 오랫동안 하다 보니 자연스럽게 전 세계의 다양한 도시로 출장을 다니게 되며 한국에서 직항이 없는 도시를 방문하거나 한 번에 여러 도시를 동시에 방문하는 경우에는 다양한 현지 국적의 항공사를 이용하게 된다.

항공사별로 제공되는 다양한 서비스를 비교해서 경험하다 보면 다시 타고 싶은 항공사와 다시는 타고 싶지 않은 항공사가 극명하게 나누어진다. 객관적이지 않을 수도 있으나 개인적으로 경험했던 항공사 중에서는 싱가포르 항공과 두바이를 기반으로 하는 에미레이트 항공이 기내식, 승무원의 친절함, 정확한 시간관리 등 모든 면에서 가장 서비스가 좋았던 것 같다.

최근에 와서 주요 항공사마다 최신 비행기 기종을 새롭게 도입하고 그 기종의 1등석을 고급스럽게 차별화하여 경쟁적으로 광고하는 것을 쉽게 볼 수 있다. 대부분 항공사의 1등석은 이코노미석의 다섯 배에 가까운 비싼 가격에도 품격 있는 서비스와 제한된 좌석 운영으로 자주 만석이 되곤 한다.

한번 운 좋게 좌석이 업그레이드되어 서울-두바이 노선을 운항하는 에미레이트 항공의 1등석을 탈 기회가 있었다. 이 노선은 두바이를 거쳐 유럽으로 여행하는 손님들이 많아 항공사의 인기 노선 중의 하나이며 이용하는 고객이 많아 에미레이트 항공에서는 2층 전체를 비즈니스석으로 만든 초대형 최신 기종 에어버스 A380을 투입하고 있었다.

물론 이 노선의 비즈니스석도 180도로 펼쳐지는 독립된 좌석 공간과 전용 바 등 나름 최상의 서비스를 제공하고 있었다. 하지만 아무래도 중동의 상류층 고객이 자주 이용하는 두바이 소재 항공사의 1등석이다 보니 비즈니스석 대비해서도 많은 부분을 차별화하고 있었다. 가죽 소재의 가방에 나름 유명 브랜드로 구색을 갖춘 여행용 세면도구, 기내용 잠옷, 좌석마다 설치된 작은 음료 보관용 냉장고, 고급스러워 보이는 스탠드 타입 실내등, 그리고 각 좌석의 프라이버시를 위해 설치된 완전 개폐용 미닫이 자동문 등……

그중에서도 특히 1등석 고객만을 위하여 만든 샤워실이 딸린 화장실은 넓은 공간에 중동의 상류층 기호에 맞춰서 샤워 꼭지와 수

에미레이트 항공

1등석 좌석 내부와 화장실.

도꼭지 등 부품 대부분을 금장으로 장식했으며 웬만한 호텔의 화장실 못지않게 고급스럽게 꾸며져 있었다.

물론 지금은 에미레이트 항공의 1등석과 비슷한 수준의 또는 한층 더 업그레이드된 1등석을 제공하는 항공사들이 많이 있다. 이처럼 항공사들이 좌석 하나에 수천만 원에서 수억 원씩을 들여가며 1등석을 고급화하고 최상의 차별화된 서비스를 제공하기 위해서 경쟁하는 이유는 무엇일까? 그리고 적게는 이코노미석의 다섯 배에서 많게는 열 배에 가까운 비싼 비용을 내고 이 1등석을 이용하는 고객들이 기대하는 것은 무엇일까?

사실 기내식을 포함한 기내 서비스와 편안하게 수면을 취할 수 있는 좌석 공간은 비즈니스석으로도 충분하다. 그런데도 비즈니스석의 두 배에 가까운 비용을 지불하며 1등석을 이용하는 고객들에게는 그들만의 신분의 상징symbol of status이 되는, 고품격의 사용자 경험을 추구하는 높은 가치 기준이 자리잡고 있다. 이것을 정신적 가치spiritual value라고 한다.

에미레이트 항공의 1등석은 정신적 가치의 아주 극단적인 사례이지만 사실 모든 상품과 서비스에는 정도의 차이는 있으나 정신적 가치가 포함되어 있다. 예를 들어 스타벅스도 앞서 설명한 감성적 가치에 더해 스타벅스만이 제공하는 차별적인 브랜드 품격이 즐겨 찾는 고객들에게 정신적인 가치 요소로 자리를 잡고 있다. 따라서 업종과 관계없이 이러한 정신적 가치를 어떻게 만들어내고 또 어떻게 활용하느냐에 따라 그 브랜드의 품격과 포지션이 달라질 수 있다.

우리가 새로운 사업을 시작할 때 제안하고자 하는 고객가치의 어떤 부분을 정신적 가치화할 것인지 명확히 목표를 설정하고 단계적으로 구체화해 나간다면 의미 있는 브랜드 자산이 되어 나중에 후발주자의 진입을 견제하는 훌륭한 진입 장벽의 역할을 할 수 있을 것이다.

정신적 가치의 딜레마

정신적 가치는 브랜드의 품격이 만들어내는 무형의 가치이며 개별 고객의 정체성을 대변하는 역할을 한다. "이 브랜드는 절대 세일을 하지 않아. 그래서 나는 이 브랜드가 좋아." 소비자의 입장에서 보면 당연히 세일을 해야 보다 싼 가격에 상품을 구매를 할 수 있는데 세일을 하지 않아서 좋다고 한다. "이 모델은 주문하면 한달 뒤에나 물건을 받을 수 있어. 사고 싶다고 아무 때나 살 수 있는게 아니야." 하고 돈 주고도 제때에 못사는 것을 오히려 자랑스러워 한다. 이는 '나는 남과 다르다'는 차별성과 '소수만이 가질 수 있다'는 희소성이 정신적 가치를 만들어내는 핵심 요소이기 때문이다. 따라서 단기적인 매출이나 손익 중심으로 사업을 해야 하는 기업의 경우에는 정신적 가치를 핵심 고객가치로 끌고 가기가 쉽지 않다.

버버리는 1856년에 창립된 영국을 대표하는 명품 패션 브랜드

우리에게 잘 알려진 주요 명품 브랜드들

이다. 우리가 흔히 '바바리'라고 부르는 트렌치코트가 이 브랜드의 대표적인 상품이기도 하다. 영국의 한 언론에 의하면 2017년 한 해 동안 브랜드 가치를 지켜내기 위해 버버리가 폐기한 의류와 화장품 재고가 420억 원어치가 넘는다고 한다. 이는 개당 200만 원을 웃도는 버버리의 대표적 제품인 트렌치코트 2만 벌 분량과 맞먹는 금액이다. 버버리는 과도한 재고가 시장에 풀려 브랜드 품격에 손상이 오는 것을 막고자 엄청난 손실을 감수하면서 멀쩡한 제품들을 폐기한 것이다. 이러한 제품 소각 행위는 환경단체들로부터 많은 비판을 받고 있어 브랜드를 지키기 위한 버버리의 고민 또한 커지고 있다.

버버리뿐만이 아니다. 우리에게 잘 알려진 프랑스 명품 패션 브랜드 루이비통은 매장을 방문하는 고객 한 사람당 살 수 있는 품목의 개수를 제한함으로써 자사 제품이 시장에 무분별하게 풀리는 것을 막고 있다. 이렇다 보니 파리에 있는 루이비통 매장 근처에 가면 고객을 대신해서 물건을 구매해주는 구매 대행 아르바이트까지 성행하고 있다. 더 나아가 명품 브랜드들은 한정판 제품의 판매 기간을 최소화하고 가장 인기가 많을 시기에 판매를 종료하는 방식으로 판매량을 제한함으로써 제품에 대한 희소가치를 부각시키는 전략을 쓰기도 한다.

이러한 판매 전략은 명품 패션 브랜드뿐만 아니라 우리에게 잘 알려진 허니버터칩 사례에서도 찾아볼 수 있다. 초기에 품귀 현상까지 빚었던 허니버터칩은 업체가 생산량과 한 사람당 구매 수량을 제한함으로써 손님들이 감자칩을 사기 위해 아침 일찍부터 마트 앞에 줄을 서서 기다리는 진풍경을 만들어내기도 했다.

한때 품귀 현상을 빚었던 허니버터칩

이렇듯 정신적 가치를 추구하는 사업은 브랜드 품격을 유지하기 위해 의도적으로 매출과 손익을 희생해야 하는 경우가 흔히 생긴다. 특히 단기적인 매출 확대를 위한 할인 판매는 브랜드 품격에 치명적인 영향을 준다. 다양한 프로모션을 통해 지속해서 매출을 늘리고 철 지난 재고나 일부 하자가 있는 재고까지 할인 판매를 통해 소진함으로써 재고 손실을 최소화하려는 일반기업의 입장에서 보면 분명 이해하기 어려운 판매 전략일 수도 있다.

하지만 정신적 가치는 사업 분야에 구분없이 기능적 가치나 감성적 가치만으로는 차별화가 어려운 부분을 품격 있게 차별화시켜 주는 매력을 가지고 있다. 이러한 정신적 가치는 브랜드 프리미엄을 형성해 사업의 장기적인 경쟁력과 기업 수익의 원천이 된다. 따라서 정신적 가치를 만드는 일은 반드시 장기적인 투자 관점에서 접근을 해야 한다. 한국 소비자에게 잘 알려진 루이비통은 1854년에 창립되었으며 버버리는 1856년, 샤넬은 1909년에 창립이 되었다. 이렇듯 대부분의 명품 패션 브랜드들은 100년 이상의 역사를 가지고 브랜드 품격을 키워왔으며 그 결과 핸드백 하나에 수백만 원을 호가해도 사겠다는 고객들이 줄을 잇는 그들만의 브랜드 프리미엄을 만들 수 있었다.

마지막으로 어떤 기업이 핵심 고객가치로 정신적 가치를 선택하고자 한다면 단기 매출 중심의 판매 활동과 브랜드 품격에 손상을 주는 마케팅 활동을 스스로 통제하는 내부 관리 시스템을 먼저 갖추어야 한다. 엄격한 브랜드 관리는 경영진의 의지만 가지고 되는 것이 아니며 잘 짜여진 브랜드 관리 시스템과 현장에 있는 판매사원 한 사람 한 사람의 브랜드에 대한 열정에 달려 있기 때문이다.

고객가치가 바뀌면 사업의 구성도 달라진다

고객가치의 핵심 구성 요소 중 어느 요소에 주력할 것인가에 따라 하고자 하는 사업의 방향과 그 브랜드의 정체성이 달라지며 핵심 가치 요소의 구성을 어떻게 가져가느냐에 따라 하고자 하는 사업의 구성business portfolio 또한 달라진다.

누군가 커피숍을 새로 오픈한다고 하자. 이 커피숍이 어느 고객가치에 주력할 것이냐에 따라 매장을 열기 전에 준비해야 할 일들이 완전히 달라질 것이다. 만약에 이 커피숍이 핵심 고객가치로 기능적 가치를 선택한다면 기존의 커피숍 대비 커피의 맛과 품질은 어떻게 차별화하고 메뉴와 가격은 어떻게 차별화할 깃인지 등에 대한 차별화 방안을 준비해야 할 것이다.

그렇지 않고 감성적 가치를 이 커피숍의 핵심 고객가치로 가져

핵심 가치별 대표적인 커피 전문점들

(맨위) 기능적 가치를 대표하는 빽다방, (중간) 감성적 가치를 대표하는 스타벅스, (아래) 정신적 가치를 대표하는 보헤미안 박이추 커피공장. 어떤 고객가치를 핵심 가치로 가져갈 것이냐에 따라 차별화해야 하는 가치 요소와 경쟁 구도가 달라지며 사업의 방향도 달라질 수 있다. (출처: 빽다방, 스타벅스, 보헤미안 박이추 커피 홈페이지)

간다면 매장 인테리어나 분위기, 매장 점원들의 응대 방식, 고객 커뮤니케이션 등을 기존의 커피숍 대비 어떻게 차별화할 것인지에 대한 고민을 해야 한다. 나아가 정신적 가치를 이 커피숍의 핵심 고객가치로 가져가겠다고 한다면 기존의 기능적 가치나 감성적 가치 항목 중 어느 부분을 정신적 가치로 승화시키고 또 어떻게 브랜드 자산화할 것인지에 대한 세부적인 방법을 찾아야 할 것이다.

물론 기능적 가치, 감성적 가치, 정신적 가치를 완전히 별개로 추구할 수는 없다. 셋 중에 어떤 가치를 핵심 가치로 선정한다고 하더라도 나머지 두 개의 다른 고객가치들을 잘 활용해 다른 커피숍이 제공 못 하는 독특한 나만의 색깔과 매력을 만들어내야 할 것이다. 새로운 사업을 시작할 때 주력하고자 하는 핵심 가치를 명확히 하지 않고 시작을 하면 모든 것을 다 완벽하게 하려다가 초기부터 과도한 투자가 집행되거나 제한된 투자 재원으로 어느 것 하나 제대로 차별화하지 못하고 어중간한 고객가치를 만들어내는 상황이 벌어질 수도 있다.

따라서 아무리 작은 사업이라 하더라도 핵심 고객가치 중 어느 가치에 주력할 것인가를 먼저 정하고 그다음에 선정한 핵심 가치를 어떻게 경쟁자들과 차별화할 것인지에 대한 구체적인 방안을 수립해야 자원을 효율적으로 사용하며 제대로 된 고객가치를 만들어낼 수 있을 것이다.

고객가치의 구성을 어떻게 가져갈 것인가?

그 어느 업계보다도 고객층별 다양한 모델 구성을 운영하는 곳이 자동차 업계일 것이다. 대부분의 자동차 회사는 세단부터 SUV와

BMW 미니 시리즈

소형 해치백 모델부터 컨버터블과 SUV까지 다양한 모델 구성을 갖추고 젊은 층, 특히 여성 고객들의 사랑을 독차지하고 있다. (출처: 미니 공식 홈페이지)

스포츠카에 이르기까지 고객의 주사용 용도에 맞추어 여러 개의 시리즈를 운영하고 있으며 같은 세단이나 SUV군 내에서도 세분화된 고객 요구에 따라 차체와 엔진 사이즈를 구분하고 가격대별로 옵션을 차별화해 다양한 모델 구성을 고객들에게 제안한다.

대표적인 수입차 브랜드인 BMW도 소형 해치백 모델인 1시리즈부터 프리미엄 세단인 7시리즈까지 7개의 서로 다른 시리즈를 운영하고 있다. 여기에 SUV인 X 시리즈, 스포츠카용 엔진을 장착한 고성능 M 시리즈, 그리고 제한적인 수량이지만 전기차종인 i 시리즈까지 다양한 시리즈를 가지고 있다. 기존의 BMW 시리즈는 안정된 주행 성능과 속도감을 즐기는 남성의 이미지가 강했으며 철저히 기능 가치 중심의 모델 구성을 가지고 있었다.

하지만 2000년 BMW 그룹이 영국의 로버 그룹으로부터 미니 Mini 브랜드를 인수하면서부터 기존에 가지고 있던 스포티하면서 남성적인 이미지와는 전혀 다른, 여성 취향의 감성적인 이미지를 지닌 미니 시리즈를 사업 구성에 추가하게 된다. BMW는 미니 시리즈의 추가로 기능적 가치 중심의 라인업에서 감성적 가치 영역까지 핵심 가치 영역을 확대함으로써 그동안 공백으로 있었던 여성 고객층을 흡수할 수 있게 됐다. BMW 그룹에서 발표한 자료를 보면 2017년 기준 자사 전체 자동차 판매량 246만 대 중 미니 시리즈가 37만 대(15%)를 차지하고 있다. 미니 시리즈의 투입에 따른 사업 구성의 보강은 어느 정도 성공한 것으로 평가할 수 있겠다.

각 기업이 주력하는 고객가치의 영역은 대부분 그 기업의 역량에 맞추어 정해져 있고 브랜드의 정체성과도 밀접하게 연관되어 있다. 따라서 주력 고객가치 영역의 확대는 전략적인 의사결정이 필요한 부분이다. 하지만 기존에 주력하던 시장에서 경쟁이 심화해 새로운 시장을 창출해야 한다면 사업 구성 전략을 지금까지 해오던 것과 같이 기업의 내부 역량이나 기존 사업과의 시너지 관점이 아닌 고객가치의 구성customer value portfolio을 다양화하는 관점에서 재점검해본다면 새로운 고객가치 영역에서 전혀 생각지 못했던 새로운 사업의 기회를 발굴할 수도 있을 것이다.

핵심 가치 요소를 어떻게 블렌딩할 것인가?

한국 소비자들에게 '대륙의 실수'로 잘 알려진 샤오미는 스마트폰 외에도 노트북, TV, 오디오, 액션캠, 스마트밴드, 전동 킥보드, 공기청정기, 체중계, 심지어는 전동 칫솔에 이르기까지 분야를 가리지 않고 다양한 제품을 라인업하고 있다. 그중에서도 한국 소비자들에게 가장 널리 알려진 제품은 미 파워 뱅크Mi Power Bank로 불리는 보조 배터리가 아닐까 싶다. 샤오미의 보조 배터리는 2014

샤오미의 보조 배터리

샤오미는 '미파워뱅크'라는 이름으로 보조배터리 시장에 진출했다. 초기에는 품질 확보를 위해 LG나 삼성 등 글로벌 기업의 배터리셀을 주로 사용했으며 알루미늄 일 체형 디자인을 채용하여 애플 맥북 에어의 디자인 감성을 모방했다. 고급스러운 디 자인과 가격 대비 높은 성능으로 한국 시장에서는 '대륙의 실수'라는 별명이 생길 정 도로 인기를 끌었다. 샤오미가 '가성비의 끝판왕'이라는 평판을 얻는 데 가장 많은 기 여를 한 제품이다.

년 첫 모델 출시 이후 3년 만에 누적판매 5,500만 개를 돌파할 정 도로 대표적인 히트 상품 중의 하나이며 샤오미가 '가성비의 끝판 왕'이라는 평판을 얻는 데 가장 많은 기여를 한 제품이다.

샤오미가 1만 원이 조금 넘는 이 스마트폰 액세서리에 어떻게 주요 핵심 고객가치를 블렌딩했으며 이를 통해서 어떻게 경쟁자와 차별화를 했는지 한 번 살펴보기로 하자. 우선 기능적 가치로 샤오 미의 보조 배터리가 가진 높은 가성비를 이야기하지 않을 수 없다. 2014년에 시장에 선보인 1세대 모델은 1만 400밀리암페어의 대 용량에 69위안(당시 한화로 1만 2,000원)이라는 파격적인 가격에 출 시됐다. 당시 스마트폰의 배터리 용량이 평균 2,000~2,500밀리암 페어 수준이었으니 1만 밀리암페어가 넘는 용량은 충분히 매력적 인 사양이었다. 물론 중국 내수시장의 가격이기는 하나 1만 원대 초반의 가격은 당시 주요 브랜드의 보조 배터리가 4~5만 원 전후

샤오미는 다양한 전자기기와의 연동을 통해 강력한 플랫폼을 만들어가고 있다.

에 판매되던 것을 고려하면 파격적인 가격이 아닐 수 없었다.

두 번째로 감성적 가치 측면에서 애플의 제품을 모방한 듯한 북유럽 스타일의 단순하고 고급스러운 디자인을 이야기 안 할 수 없겠다. 샤오미는 보조 배터리의 외관에 애플의 맥북 에어에 사용한 것과 유사한 알루미늄 일체형 디자인을 적용했으며 외관의 마감 품질 또한 여느 프리미엄 제품 못지않게 작은 레터링 하나까지도 정성을 들였다. 이러한 디자인 품격은 다른 저가 중국산 제품들이 만들어내지 못했던 차별적 감성 가치를 만들어내기에 충분했다.

마지막으로 샤오미의 제품 구성이 만들어내는 액티브한 브랜드 이미지이다. 샤오미는 나인봇이라는 퍼스널 모빌리티 기기부터 드론과 액션캠 등 젊은 세대가 좋아하는 긱geek한 제품들을 다양하게 선보이면서 젊은 세대의 취향에 맞는 실용주의적이면서도 도전적인 브랜드 이미지를 꾸준히 쌓아가고 있다. 이러한 브랜드 자산은 샤오미 제품을 사용하는 고객들에게 자신들의 정체성을 대변해 주는 정신적 가치의 하나로 자리 잡아가고 있다.

이렇듯 1만 원짜리 보조 배터리 하나에도 기능적 가치, 감성적 가치, 정신적 가치가 잘 어우러져 남과 다른 차별적인 매력을 만들 어낸다. 만약에 샤오미가 디자인이나 브랜드 가치를 무시하고 좀 더 싸게만 만들려고 노력했다면 지금의 샤오미는 그저 평범한 저 가 중국 브랜드 중의 하나로 평가를 받고 있을 것이다. 이처럼 고객 가치의 핵심 요소들을 어떻게 블렌딩하느냐에 따라 제안하는 고객 가치의 매력도가 달라지고 그 제품의 포지션과 목표 고객 또한 달 라지며 나아가 브랜드의 정체성을 결정하는 중요한 요소가 된다.

4장

경쟁의 핵심

고객가치

시장에서 경쟁 우위를 확보하는 방법에는 여러 가지가 있다. 비용구조의 혁신을 통해 가격을 차별화할 수도 있고 가치혁신을 통해 상품이나 서비스가 가지는 본래의 고객가치를 차별화할 수도 있다. 더 나아가 커뮤니케이션과 브랜드의 품격을 차별화해 새로운 정신적 가치를 만들어낼 수도 있다.

어떤 차별화가 더 좋고 나쁘다고 단적으로 평가하기는 어려우며 각각의 사업이 추구하는 핵심 고객가치, 처한 경쟁 환경, 그리고 보유하는 자원과 역량에 따라 가장 효과적인 차별화 전략을 선택하는 것이 중요하다.

1

지불 가치와 구매 매력도

본래의 고객가치는 변함이 없지만 고객이 체감하는 가치는 고객이 지불하는 가격에 의해서 달라진다. 이처럼 가격에 의해서 상대적으로 변하는 가치를 지불 가치라고 한다. 우리가 고객들에게 제안하는 상품과 서비스의 지불 가치를 극대화하면 그 상품과 서비스에 대해 고객이 체감하는 구매 매력도는 증가한다. 그리고 구매 매력도가 커지면 커질수록 우리가 제안하는 고객가치는 더욱 많은 고객의 선택을 받을 수 있게 된다.

"가격은 당신이 내는 것이고 가치는 당신이 가져가는 것이다. 일반 제품이든 주식이든 나는 좋은 것을 낮은 가격에 사는 것을 좋아한다."

세계적인 투자가 워렌 버핏이 2008년 주주들에게 보낸 편지에서 한 말이다. 워렌 버핏의 투자철학을 잘 설명해주는 격언 중의 하나이다. 굳이 워렌 버핏의 격언을 이야기하지 않더라도 고객은

지불 가치와 구매 매력도

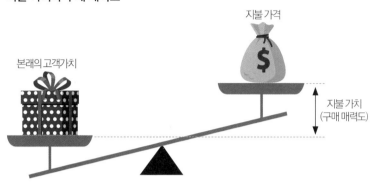

고객에게 제안하는 상품과 서비스의 지불 가치를 극대화하면 고객이 체감하는 구매 매력도는 자연스럽게 증가하며 우리가 제안하는 고객가치는 더 많은 고객으로부터 선택을 받을 수 있게 된다.

누구나 비용 지불은 최소화하고 획득하는 가치는 극대화하는 가장 합리적인 구매 의사결정을 하고자 노력한다.

따라서 더 나은 고객가치를 만들어 더 많은 고객으로부터 선택을 받기 위해서는 고객이 지불해야 하는 가격과 고객이 그 대가로 획득하는 가치의 차이를 키워야 한다. 그렇게 해서 우리가 고객에게 제안하는 상품과 서비스의 지불가치를 끌어올리는 것이 매우 중요하다.

고객이 체감하는 구매 매력도를 확대하는 데는 가치, 가격, 커뮤니케이션 영역에서 크게 세 가지 방법이 있을 수 있다. 첫 번째는 가치혁신을 통해 상품이나 서비스가 가지는 본래의 고객가치를 개신하는 것이다. 두 번째는 가격 차별화를 통해시 고객이 느끼는 상대적인 지불 가치를 끌어올리는 것이다. 마지막 세 번째는 효과적인 마케팅 활동으로 고객과의 커뮤니케이션을 개선하여 고객이 인지하는 상대적인 가치를 본래의 고객가치 이상으로 끌어올리는 것

고객의 구매 매력도 극대화

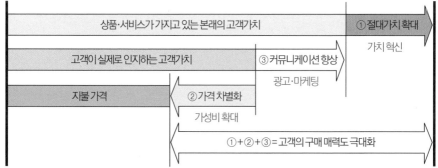

가격 차별화와 가치 혁신 그리고 커뮤니케이션 차별화 활동을 효율적으로 전개하여 고객이 체감하는 구매 매력도를 극대함으로써 경쟁에서 우위를 확보하는 것이 사업의 핵심이다. 단기간에 고객이 체감하는 구매 매력도를 끌어올리는 데는 가격 차별화와 마케팅 투자 확대를 통한 고객과의 커뮤니케이션 향상이 효과적인 활동이 될 수 있다. 하지만 후발주자의 진입으로 시장 내 경쟁이 심화하면 결국 가치 혁신을 통해 제안하는 상품과 서비스의 절대적인 고객가치를 근본적으로 확대해야 한다.

이다.

  사업의 성격과 주력하는 고객가치에 따라 세 가지 주요 활동 중 어느 활동에 집중할 것인지, 또 이 세 가지 활동들을 어떻게 조합하여 고객가치의 매력도를 극대화할 것인지를 정하는 것은 사업의 전략과 연계된 중요한 의사결정 중의 하나이다. 특히 창업을 하거나 기존 사업에서 새로운 시장을 개척할 때는 반드시 어떤 전략으로 고객의 지불 가치와 구매 매력도를 끌어올릴 것인지를 사전에 명확히 해서 자원 투입의 효율과 실행의 스피드를 극대화해야 하다.

  고객이 체감하는 구매 매력도를 극대화해 시장에서 경쟁 우위를 확보하는 방법에는 가격과 가치 그리고 커뮤니케이션 차별화를 혼합해 다섯 가지 옵션을 만들 수 있다. 그리고 각 사업이 추구하는 핵심 고객가치와 처한 경쟁 환경 그리고 보유 자원과 역량에 따라 선택하는 옵션은 달라질 수 있다.

최적의 옵션을 선택하기 위해서는 시장을 철저히 고객 관점에서 바라보고 고객이 어떤 가치를 추구하고 있고 그것을 경쟁자보다 더 잘 만들어내기 위해서는 어떤 옵션이 가장 효과적인지를 기준으로 의사결정하는 것이 중요하다.

2

가격 차별화 전략
: 가성비의 극대화

가격 차별화 전략은 경쟁자와 비슷한 수준의 고객가치를 경쟁자보다 값싸게 제공함으로써 시장에서 가격 중심의 경쟁 우위를 확보하는 전략이다. 다음 그림에서 보듯이 제공하는 실질적 고객가치는 그대로 유지를 하고 고객이 지불해야 할 가격을 '지불 가격 A'에서 '지불 가격 B'로 낮춤으로써 고객이 체감하는 구매 매력도를 '구매 매력도 A'에서 '구매 매력도 B'로 증대할 수 있다.

가성비 전략으로도 잘 알려진 가격 차별화 전략은 가장 기본적인 차별화 전략이다. 우리 주위에서 흔히 볼 수 있는 생활용품 소매점 체인 다이소나 의류 소매점 체인 유니클로 그리고 중국의 스마트폰 제조업체 샤오미 등이 이러한 가격 차별화 전략을 통해서 시장에서 경쟁 지위를 강화하는 데 성공한 사례이다.

가격은 고객이 가장 쉽게 인지하는 가치 요소이다. 따라서 가격 차별화 전략은 시장에서 가장 빠르게 제안하는 고객가치의 구매 매력도를 끌어올리는 방법이다. 특히 기능적 가치를 핵심 고객가

가격 차별화 전략의 기본 구성

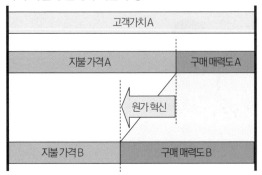

고객가치 A - 지불 가격 A = 구매 매력도 A
고객가치 A - 지불 가격 B = 구매 매력도 B
지불 가격 A ⇒ 지불 가격 B, 구매 매력도 A ⇒ 구매 매력도 B

치로 추구하는 업종에서 더욱 효과적으로 사용될 수 있다. 가격 차별화 전략이 성공하기 위해서는 몇 가지 전제 조건이 있다. 첫 번째는 가격 차별화를 위해 기능의 열세나 품질 저하 등 본래의 고객가치가 훼손되어서는 안 된다.

가격이 내려가는 만큼 고객가치가 희생되어야 한다면 가격 차별화에 따른 가성비 증대 효과는 제한적일 수밖에 없다. 오히려 낮은 품질과 서비스로 인하여 기존의 충성 고객들마저 이탈하는 결과를 가져올 수도 있다. 따라서 가격 차별화 전략이 성공하기 위해서는 기능적 가치의 핵심인 '차별적 효용성'을 항상 경쟁력 있게 유지하는 것이 중요하다.

유니클로나 샤오미 등 가격 차별화 전략으로 성공한 사례들을 보면 하나같이 경쟁자 수준 또는 그 이상의 실질적 고객가치를 제공함으로써 제안하는 가치의 품질에 대한 고객의 신뢰를 확보하면서 가격 차별화 전략을 사용한 경우이다.

유니클로는 경쟁자 수준 또는 그 이상의 실질적 고객가치를 제공함으로써 제안하는 가치의 품질에 대한 고객의 신뢰를 확보하면서 가격 차별화 전략을 사용한 경우이다.

두 번째는 반드시 비용 구조의 혁신을 통해 경쟁자를 앞서는 원가 경쟁력을 확보해야 한다. 생활용품 소매 체인점 다이소는 비용 구조의 혁신을 통해 가격 차별화 전략을 성공적으로 이끈 좋은 사례이다. 다이소는 창립 20년 만에 전국에 1,200개의 매장을 확보했으며 2017년 기준 1조 6,457억 원의 매출과 1,497억 원의 영업 이익을 달성하며 전국망을 갖춘 초대형 소매 체인점으로 탈바꿈하였다. 1,000~2,000원짜리 저가 상품을 판매해 2조 원에 가까운 연 매출을 달성했다는 것도 놀라운 일이지만 이러한 저가 상품을 판매하여 1,500억 원에 가까운 영업 이익을 만들었다면 다이소의 가격 차별화 전략은 일단 성공적이라고 평가할 수 있겠다.

다이소의 강점은 일반 마트에서 찾기 쉽지 않은 다양한 생활용품을 적당한 품질과 저렴한 가격에 접근성이 좋은 위치에서 판매

다이소의 강점은 일반 마트에서 찾기 쉽지 않은 다양한 생활용품을 적당한 품질과 저렴한 가격에 접근성이 좋은 위치에서 판매하는 것이다.

하는 것이다. 이러한 다이소의 강점은 가성비를 추구하는 고객에게는 매우 매력적인 요소들이다. 하지만 다양한 상품을 구매해 재고 관리와 판매망 관리를 해야 하는 다이소에는 하나하나가 모두 비용 상승의 요인이 되는 항목들이다. 만약에 다이소가 구매와 물류 구조의 혁신을 통해 충분한 원가 절감을 이루어내지 못했다면 지금과 같은 저가 정책을 유지하며 연 1,500억 원에 가까운 이익을 내기는 쉽지 않았을 것이다.

　마지막으로 가격 차별화 전략은 경쟁자가 가장 쉽게 모방할 수 있는 전략이기 때문에 한 번 확보한 경쟁 우위를 지속해서 유지하기 위해서는 제안하는 고객가치의 '차별적 효용성'을 브랜드 자산화해야 한다. 차별적 효용성을 브랜드 자산화하기 위해서는 앞서 샤오미의 보조 배터리 사례에서 설명했듯이 기능적 가치가 제공하는 '차별적 효용성'에 감성적 가치와 정신적 가치를 잘 혼합해 차별화된 브랜드 정체성을 만들어내야 한다. 이러한 브랜드 자산은 나중에 후발주자의 진입으로부터 선두 주자의 기득권을 보호하는 튼튼한 장벽 역할을 해줄 것이다.

가치 차별화 전략
: 가치 혁신을 통한 진검 승부

가치 차별화 전략은 경쟁자들과 비슷한 수준으로 가격을 유지하면서 가치혁신을 통해 고객들에게 제공하는 실질적인 고객가치를 끌어올림으로써 시장에서 가치 중심의 경쟁우위를 확보하는 전략이다. 고객이 지불하는 가격은 지불 가격 A로 같지만 제안하는 실질적 고객가치를 '고객가치 A'에서 '고객가치 B'로 향상함으로써 고객이 느끼는 구매 매력도를 '구매 매력도 A'에서 '구매 매력도 B'로 증대할 수 있다.

가치 차별화 전략을 사용할 때 가장 먼저 해야 할 일은 제안하는 '가치 차별화'가 고객 관점에서 의미 있는 '가치 차별화'인지를 점검하는 것이다. 차별적 가치는 그 제공하는 가치가 차별화를 위한 차별화가 아닌 '차별화된 실질적 가치differentiated practical value'를 만들어낼 때만 의미가 있기 때문이다.

두 번째는 가치 차별화에 투입되는 비용을 가격 인상 없이 흡수할 수 있어야만 한다. 가치 차별화가 과도한 비용 상승을 동반해

가치 차별화 전략의 구성

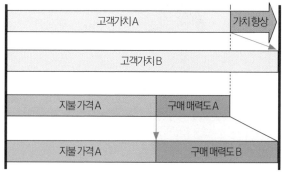

고객가치 A - 지불 가격 A = 구매 매력도 A
고객가치 B - 지불 가격 A = 구매 매력도 B
고객가치 A ⇒ 고객가치 B, 구매 매력도 A ⇒ 구매 매력도 B

가격 인상이 불가피하거나 수익 구조의 악화를 가져오면 가치 차별화 전략을 지속해서 유지하기가 어려워진다. 결국 한시적인 경쟁 우위 전략에 머무르고 만다.

마지막으로 성공적인 가치 차별화 전략은 후발주자에 의해서 빠르게 모방이 되므로 초기에 구축된 가치 차별화의 경쟁 우위가 일회성으로 끝나지 않도록 후속 가치 차별화에 대한 로드맵을 미리 준비하고 있어야 한다.

가치 차별화 전략의 성공 사례는 뜻밖에 찾기가 쉽지 않다. 그만큼 경쟁자와 비슷한 가격에 경쟁자보다 월등히 앞선 고객가치를 만들어내는 일이 쉽지 않다는 의미일 것이다. 아직은 진행형이라 성공 사례라고 단정 지어 이야기할 수는 없겠다. 하지만 전자상거래 시장에 후발로 진입해 빠르게 시장 지위를 키워가는 소셜커머스 업체 쿠팡을 가치 차별화 전략의 한 사례로 이야기할 수 있을 것이다.

'한국의 아마존'을 꿈꾸는 쿠팡은 자체 배송 시스템을 갖추고 로 켓배송이라 불리는 당일 배송 서비스를 업계 최초로 도입했다. 이러한 서비스의 차별화를 통해 2017년 한 해 동안 2조 6,000 억 원대의 매출을 달성했다. 곧 매출 3조 원이 넘어가는 초대형 소셜커머스 업체로 자리매김할 것으로 보인다. 지난 2018년 11월에 손정의 비전펀드가 20억 달러(2조 2,500억 원)을 추가 투자하기로 했다. (출처: 쿠팡)

 '한국의 아마존'을 꿈꾸는 쿠팡은 자체 배송 시스템을 갖추고 로켓배송이라 불리는 당일 배송 서비스를 업계 최초로 도입했다. 이러한 서비스의 차별화를 통해 2017년 한 해 동안 2조 6,000억 원대의 매출을 달성했다. 곧 매출 3조 원이 넘어가는 초대형 소셜커머스 업체로 자리매김할 것으로 보인다. 매출 성장세만 보면 로켓배송이라는 쿠팡의 가치 차별화 전략은 시장에서 일단 성공한 것으로 보인다.

앞에서도 설명했지만 제안하는 고객가치가 시장에서 의미 있는 차별적 가치를 만들어내는 데 성공했다면 그다음 과제는 가치 차별화를 위해 투입되는 비용을 최소화해 전략의 지속성을 확보하는 것이 중요하다. 쿠팡도 자체 배송망 구축 비용의 증가로 인하여 빠른 매출 성장에도 연 5,000억 원에 가까운 적자를 내는 상황이다. 이러한 재무적 어려움은 앞으로 쿠팡이 가치 차별화 전략을 지속하는 데 상당한 부담으로 작용할 수밖에 없을 것이다. 따라서 매출 확대의 가속화를 통한 비용 분산과 유통망의 혁신을 통한 추가적인 비용 절감을 끌어내야만 현재와 같은 가치 차별화 전략을 지속할 수 있을 것이다.

한편 쿠팡의 로켓배송에 자극받아 이미 다른 온라인 쇼핑 업체들도 배송 시간 단축을 위한 경쟁에 돌입했다는 소식이 들린다. 다가올 가치 차별화 경쟁은 배송이 아닌 전혀 새로운 영역에서 시작될 수 있다. 따라서 다음 카드를 미리 준비하지 않으면 쿠팡 또한 어렵게 구축한 초기 시장에서의 경쟁우위를 지속해서 유지하기가 쉽지 않을 것이다. 이처럼 경쟁자와 비슷한 가격에 경쟁자보다 월등히 앞선 고객가치를 만들어내는 가치 차별화 전략은 성공을 위해서 해결해야 할 과제들이 많다. 전략의 시행에 앞서 첫째, 고객에게 실질적 가치를 제공하는 가치 차별화인가? 둘째, 원가 혁신을 통해 가치 차별화 비용을 흡수할 수 있는가? 셋째, 중장기 차별화 로드맵을 가지고 있는가? 하는 세 가지 질문에 대한 충분한 해답을 가지고 출발해야 할 것이다.

4

가격·가치 동시 차별화 전략
: 비즈니스 모델의 혁신

가격·가치 동시 차별화 전략은 경쟁자 대비 우월한 고객가치를 경쟁자보다 값싸게 제공해 고객의 구매 매력도를 급격히 확대하는 전략이다. 비즈니스 모델의 혁신을 통해 비용 절감과 실질적 고객가치 향상이 동시에 일어날 때 사용이 가능하다. 가치 혁신을 통해 고객가치는 '고객가치 A'에서 '고객가치 B'로 확대되지만, 가격 차별화로 고객이 지불하는 가격은 '지불 가격 A'에서 '지불 가격 B'로 내려가기 때문에 고객의 구매 매력도는 '구매 매력도 A'에서 '구매 매력도 B'로 급격하게 확대된다.

가치를 올리면서도 가격을 내려야 하는 가격·가치 동시 차별화 전략은 비용 부담이 배로 가중되기 때문에 비즈니스 모델 자체의 혁신성이 뒷받침되지 않으면 실행이 어렵다.

공유경제 모델을 도입하여 일반 택시 대비 고객들의 비용 부담을 줄이고 사용 편리성을 향상한 우버택시, 물류 프로세스 혁신을 통하여 미국 전역에 24시간 배송을 가능하게 하고 오프라인 매장이

가격·가치 동시 차별화 전략의 기본 구성

고객가치 A	가치향상

| 고객가치 B | |

지불 가격 A	구매 매력도 A
	원가혁신
지불 가격 B	원가혁신	구매 매력도 B	가치향상

고객가치 A - 지불 가격 A = 구매 매력도 A
고객가치 B - 지불 가격 B = 구매 매력도 B
지불 가격 A ⇒ 지불 가격 B, 고객가치 A ⇒ 고객가치 B, 구매 매력도 A ⇒ 구매 매력
도 B

부담해야 할 매장 유지 비용을 제거함으로써 가격과 가치의 혁신
을 동시에 성공시킨 아마존, 최근에 공유경제 모델을 기반으로 국
내 렌터카 시장을 빠르게 잠식하고 있는 차량공유 서비스업체 쏘
카 등이 비즈니스 모델의 혁신을 통해 가격과 가치를 동시에 차별
화한 대표적인 사례 들이다.

　많은 스타트업이 새로운 비즈니스 모델을 제안하며 이 전략을
추구하고 있다. 하지만 글로벌 일부 기업을 제외하고는 아직도 많
은 스타트업이 새로운 비즈니스 모델을 구축하기 위한 초기 인프
라 투자와 예상을 넘어서는 마케팅 비용의 투입으로 사업 초기부
터 재무적인 어려움을 겪고 있다. 가격·가치 동시 차별화 전략이
성공하기 위해서는 말 그대로 가격 차별화와 가치 차별화를 동시
에 성공시켜야 한다. 그러기 위해서 몇 가지 현실적인 어려움을 극
복해야 한다.

쏘카의 카세어링 서비스

쏘카의 카 세어링 서비스는 2012년 3,000명의 회원으로 출발해 5년 만에 300만 명에 이르는 가입자를 확보하고 있으며 시간제로 차를 빌릴 수 있다. 집이나 회사 근처의 쏘카존에서 바로 차를 받을 수 있으며 출발지와 관계에서 어느 도착지에서나 손쉽게 차를 반납할 수 있는 신개념 차량공유 서비스이다.

출발은 차량공유 서비스로 가볍게 시작했으나 이제는 사실상 일반 렌터카 시장을 빠르게 잠식하는 새로운 비즈니스 모델이 됐다. 앞서 설명한 우버의 사례와 마찬가지로 이용 고객에게는 기존 서비스 대비 적은 비용으로 더욱 편리한 서비스를 제공하는 가격·가치 동시 차별화 전략의 좋은 예이다.

첫 번째 어려움은 새로운 비즈니스 모델이 제안하는 고객가치가 의미있는 규모의 시장 창출에 실패하는 경우이다. 미국 벤처캐피털 전문 조사 기관인 CB인사이트가 실패한 스타트업 101개를 대상으로 설문조사를 한 결과 스타트업의 가장 큰 실패 요인은 시장과 고객이 원하지 않는 상품과 서비스를 만들었다는 것이다. 시장과 고객의 니즈에서 출발하지 않고 기술력이나 내부 아이디어에서 출발해 새로운 사업을 시작할 때 제안하는 고객가치가 고객의 니즈를

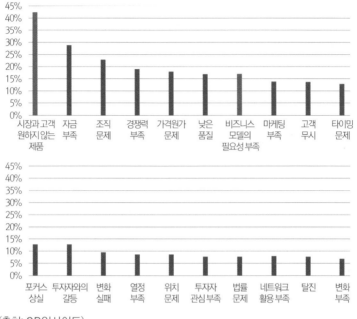

스타트업이 실패하는 이유 20가지 (중복 응답)

(출처: CB인사이트)

충족시키지 못하면서 새로운 시장 창출에 실패하는 일이 흔히 발생할 수 있다.

　두 번째 어려움은 비즈니스 모델의 복제가 용이해 생각보다 빨리 후발주자가 나타난다는 것이다. 최근에 순위 경쟁이 치열해진 배달 앱 서비스 업계만 보더라도 우리에게 잘 알려진 배달의민족, 요기요, 배달통 외에도 수많은 소규모 업체들이 난립하고 있다. 시장이 형성된 지 채 몇 년도 되지 않아 벌써 피를 흘리는 출혈 경쟁을 하고 있는 것이다.

　마지막 어려움은 빠른 외형 성장에도 비즈니스 모델의 혁신을 통해 기대했던 수익 창출에 생각보다 오랜 시간이 걸린다는 것이

주요 스타트업의 매출과 영업이익 실적 추이

(단위: 억 원)

사명	2015년		2016년	
	매출	영업·당기순손익	매출	영업·당기순손익
쿠팡	11,337	-5,470	19,159	-5,652
위메프	2,165	-1,424	3,690	-636
티켓몬스터	1,958	-1,418	2,860	-1,585
스타일난다	1,089	235	1,286	278
미미박스	243	-138	657	-373
그랩	329	96	472	217
더파머스	29	-53	173	-88
헬로네이처	21	-17	65	-28
버즈니	22	-12	51	-1
에이플러스비	27	-29	47	-27

많은 스타트업들이 빠른 외형 성장에도 초기 마케팅 및 인프라 투자로 인하여 재무적인 측면에서는 여전히 어려움을 겪고 있다. (출처: 금감원, 아웃스탠딩)

다. 물론 아마존도 창립 후 10년이 다 되어서야 흑자로 전환했지만 규모가 작은 기업이나 스타트업에는 사업 초기의 이러한 재무적 어려움이 생존 자체를 위협하는 위험 요인이 될 수밖에 없을 것이다. 새로운 비즈니스 모델은 대부분 시장 초기부터 승자 독식의 경쟁을 하며 속도와 비용 효율 측면에서 경쟁우위를 확보하지 못하면 도태되는 경우가 많다.

투자자들도 선두업체가 아니면 좀처럼 투자를 꺼리기 때문에 비즈니스 모델의 혁신성을 기반으로 누가 더 빨리 고객층을 늘리고 시장을 선점하느냐가 성공의 핵심이다.

지금까지 설명한 바와 같이 가격·가치 동시 차별화 전략은 비즈니스 모델의 혁신을 통해 고객이 체감하는 구매매력도를 급격히 확대하고 시장에서 빠르게 경쟁우위를 확보하는 매력적인 차별화 전략이다. 하지만 초기 인프라 구축과 시장선점을 위한 마케팅 투자로 인해 재무적인 리스크가 매우 큰 전략이기도 하다. 여러 스타트업들의 사례에서 볼 수 있듯이 생각보다 더딘 고객층 확대와 빠른 경쟁 심화로 수익창출에 오랜 시간이 걸리며 많은 기업들이 버티지 못하고 중간에 탈락한다.

따라서 이 전략은 재무적인 뒷받침과 비즈니스모델의 혁신성이 충분히 확보되어 시장에서 빠르게 고객층을 늘려나갈 수 있을때 사용하는것이 바람직하다.

5

브랜드 프리미엄 전략
: 브랜드 품격의 차별화

브랜드 프리미엄 전략은 제안하는 고객가치가 경쟁자 대비 확실한 경쟁우위를 가지고 있고 차별화된 고객가치를 브랜드 자산 화할 수 있을 때 그 브랜드 파워를 기반으로 가격 프리미엄을 창출하는 전략이다. 고객이 지불하는 가격이 '지불 가격 A'에서 '지불 가격 B'로 올라가지만 브랜드 가치의 극대화를 통해 실질적 고객가치가 '고객가치 A'에서 '고객가치 B'로 커지면서 구매 매력도는 '구매 매력도 A'에서 '구매 매력도 B'로 확대된다.

브랜드 프리미엄 전략은 브랜드 자산이라는 무형의 가치가 가격 프리미엄을 만들어내기 때문에 성공할 경우 높은 이익률을 기대할 수 있어 많은 전통 기업들이 선호하는 전략 중의 하나이다. 이 전략은 주로 감성적 가치나 징신직 가치를 핵심 고객가치로 추구하는 업종에서 많이 사용된다. 고급가전, 자동차, 명품 패션 브랜드와 쥬얼리 브랜드들이 대부분 이 전략을 구사한다.

우리 주위에서 보면 상대적으로 높은 가격 정책을 쓰면서도 독

브랜드 프리미엄 전략의 구성

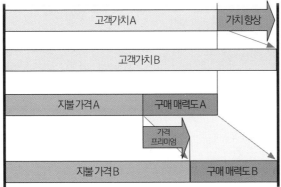

고객가치 A - 지불 가격 A = 구매 매력도 A
고객가치 B - 지불 가격 B = 구매 매력도 B
지불 가격 A ⇒ 지불 가격 B, 고객가치 A ⇒ 고객가치 B, 구매 매력도 A ⇒ 구매 매력도 B

보적인 시장 점유율을 유지하는 스타벅스나 글로벌 프리미엄 TV 시장에서 빠르게 시장 점유율을 확대하는 LG의 올레드 TV 그리고 최근 국내시장에서 판매량을 급격히 늘리는 벤츠나 BMW 등 일부 수입차 브랜드들이 브랜드 프리미엄 전략을 사용하는 좋은 사례들이다.

브랜드 프리미엄 전략을 쓸 때 우리가 제공하는 핵심 고객가치의 어떤 부분을 브랜드 자산화할 것인지를 사전에 명확히 해야 한다. BMW나 LG의 올레드 TV처럼 경쟁자 대비 앞선 기능적 가치(성능, 품질)를 정신적 가치로 승화시켜 브랜드 자산화할 수도 있다. 또한 스타벅스처럼 감성적 가치(매장의 분위기, 서비스)를 브랜드 자산화할 수도 있다.

차별화된 고객가치를 브랜드 자산화하기 위해서는 그 가치가 지닌 품격을 소비자들의 마음속에 효과적으로 각인하기 위한 일관된

LG 올레드 TV

LG 올레드 TV는 화질과 디자인의 경쟁 우위를 기반으로 일반 UHD TV 대비 1.5~2.0배에 가까운 가격 포지션을 하면서도 빠르게 프리미엄 TV 시장을 잠식해 나가고 있다. 가전 제품 중에서 브랜드 프리미엄 전략으로 성공한 대표적인 사례이다. (출처: LG전자 홈페이지)

마케팅 전략과 적정 규모의 브랜드 투자가 함께 따라주어야 한다. 의미 있는 차별적 가치를 만들어내고도 충분한 마케팅 투자가 따라주지 않아 차별적 가치를 브랜드 자산화하는 데 실패하는 경우가 종종 있다. 따라서 신규 사업에 브랜드 프리미엄 전략을 사용할 때에는 빈드시 마케팅 투자 계획을 함께 수립해야 한다.

마지막으로 브랜드 프리미엄 전략이 성공하기 위해서는 목표로 하는 매출 규모와 고객들의 눈높이에 맞추어 처음부터 정확한 가격 포지션을 하는 것이 중요하다.

초기 가격 포지션이 과도하게 높게 설정될 경우 충분한 마케팅 투자에도 구매로 연결되지 못해 뒤늦게 포지션을 하향 조정하는 과정을 반복할 수 있다. 반대로 초기 가격 포지션이 너무 낮게 설정될 경우 프리미엄 가치에 대한 소비자의 기대치가 낮아져 원하는 브랜드 품격을 만들어내는 데 역효과를 가져올 수도 있다. 또한 가격 포지션이 한 번 정해지면 초기에 정한 가격 정책을 일관성 있게 지속해서 유지해나가는 것이 중요하다. 일시적인 매출 확대를 위해 빈번한 가격 프로모션을 하면 브랜드 프리미엄에 대한 고객들의 신뢰도를 떨어뜨려 충성 고객의 이탈을 가져올 수 있다. 고객의 신뢰를 한번 잃으면 브랜드 프리미엄 전략을 지속해서 구사하기가 매우 어려워진다.

이처럼 구매 매력도를 향상해 고객의 지불 가치를 극대화하는 방법에는 여러 가지 옵션이 있다. 어떤 전략이 좋고 어떤 전략이 나쁘다고 절대적으로 평가하기는 어렵다. 제안하는 고객가치의 특성, 시장에서의 경쟁 상황, 그리고 보유 자원과 역량에 따라 가장 합리적인 선택을 해야만 한다. 중요한 것은 어느 전략을 선택하더라도 만들어내는 최종 지불 가치와 고객이 체감하는 구매 매력도가 기존 대비 개선이 되고 경쟁자 대비 경쟁 우위에 있어야만 한다는 것이다.

가격 차별화를 위해서 본래의 고객가치를 무리하게 희생시켜야 하거나 가치 차별화를 위한 과도한 비용 상승으로 고객의 가격 부담이 증가해 오히려 제품과 서비스의 구매 매력도를 떨어뜨리는 경우가 생길 수도 있다. 따라서 가격과 가치 사이에 최적의 밸런스를 만들어 어떤 전략을 선택하더라도 고객이 체감하는 구매 매력

도가 커지도록 하는 것이 각각의 전략이 성공하기 위한 전제 조건
이다.

6

커뮤니케이션 차별화 전략

: 고객 인지 가치의 극대화

고객이 실제로 인지하는 고객가치와 기업이 제공하는 본래의 고객가치 사이에는 항상 갭이 존재한다. 이 갭을 '커뮤니케이션 갭'이라고 정의할 수 있다. 새로운 상품이나 서비스를 처음 시장에 선보일 때는 인지도의 부족으로 인해 이러한 커뮤니케이션 갭이 클 수밖에 없다. 이 갭을 효과적으로 제거함으로써 시장에서 고객이 체감하는 구매 매력도를 빠르게 향상할 수 있다.

새로운 상품이나 서비스를 시장에 선보일 때 고객들이 그 상품이나 서비스가 가진 본래의 고객가치를 그대로 인지하게 하는 일은 생각처럼 쉽지가 않다. 비록 훌륭한 고객가치를 만들어냈다 하더라도 목표로 하는 고객이 그 가치를 충분히 인지하고 인정하도록 하는 일은 또 다른 과제이다.

시장에서 고객과의 커뮤니케이션 갭을 효과적으로 제거하는 일은 제안하는 상품과 서비스의 매력도를 증대시킬 뿐만 아니라 경

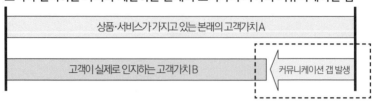

고객이 인지하는 가치와 제안하는 본래의 고객가치 사이의 커뮤니케이션 갭

| 상품·서비스가 가지고 있는 본래의 고객가치 A |
| 고객이 실제로 인지하는 고객가치 B | 커뮤니케이션 갭 발생 |

커뮤니케이션의 부족으로 인해 제안하는 본래의 고객가치와 고객이 인지하는 고객가치 사이에는 항상 갭이 존재한다. 이 갭을 효과적으로 제거하면 고객이 체감하는 구매 매력도를 빠르게 개선할 수 있다.

쟁에서 비용 우위를 가져와 가격 경쟁력을 향상하는 데 큰 기여를 한다.

비용 대비 커뮤니케이션 효과를 극대화하기 위해서는 제안하는 고객가치의 '차별적 효용성'을 고객들에게 '감성적으로' 전달해 공감을 끌어내야만 한다. 이러한 커뮤니케이션 활동의 축적을 통해 우리가 제안하는 '차별적 효용성'은 브랜드 자산화된다. 이 브랜드 자산은 상품과 서비스가 제안하는 지불가치를 끌어올리는 데 핵심적인 역할을 한다.

이러한 커뮤니케이션의 성공 사례로 최근 배달앱 시장에서 빠르게 시장 점유율을 키워가는 '배달의민족'의 광고전략을 꼽을 수 있겠다. 국내 음식 배달앱 시장은 배달의민족, 요기요, 배달통 주요 3사 외에도 여러 중소 배달앱 업체들의 시장 진입으로 이미 시장이 포화 상태에 있다. 주요 3사 간의 시장 지배력 확대를 위한 마케팅 경쟁 또한 치열하게 전개되고 있다.

특히 주요 3사 중에서 배달의민족은 독특한 한글 글꼴인 한나체를 광고에 활용하면서 많은 패러디물을 양산해낼 정도로 시장에서 높은 인기를 끌고 있다. 배달의민족의 이러한 차별화된 커뮤니

배달의민족

우아한 형제들이 만든
배달의 민족 한나체

'배달의민족'이란 브랜드를 '배달'과 '민족'으로 나누어 차별화된 '배달 서비스'라는 기능적 요소와 '민족'이라는 감성적 요소를 잘 어우르는 커뮤니케이션 전략을 구사하고 있으며 배달앱 3사 중 가장 효과적으로 브랜드 빌딩을 하고 있다는 평가를 받고 있다. (출처: 배달의민족 광고 자료)

케이션 전략은 빠른 외형 성장뿐만 아니라 배달앱서비스 시장 자체에 대한 소비자들의 인지도를 끌어올려 기존에 배달앱 서비스를 이용하지 않던 신규 고객들을 시장으로 유입시키는 데 큰 효과를 거두고 있다.

이렇듯 커뮤니케이션의 차별화를 통해 고객이 체감하는 구매 매력도를 확대하는 일은 상품과 서비스가 가지는 본래의 고객가치를 키우는 일만큼이나 사업의 성공에 중요한 역할을 한다. 따라서 새로운 사업을 시작할 때는 반드시 기획 단계에서부터 커뮤니케이션 전략을 함께 수립하고 필요한 마케팅 투자를 재무 계획과 가격 운영 전략에 충분히 반영하여 경쟁력 있는 고객가치를 만들어내고도 커뮤니케이션에 대한 투자 부족으로 사업이 실패하는 일이 없어야 겠다.

커뮤니케이션에서의 잉여가치 창출

광고와 마케팅 투자를 통해서 브랜드 자산이 충분히 축적될 경우 이 브랜드 자산은 정신적 가치로 승화된다. 즉 고객들이 인지하는 고객가치를 본래의 고객가치보다 더 크게 하여 커뮤니케이션 영역에서 새로운 잉여 고객가치를 창출하는 것이 가능해진다. 패션, 화장품, 쥬얼리 등 감성적 가치와 정신적 가치가 핵심 고객가치가 되는 업종에서는 차별적인 마케팅 활동을 통한 커뮤니케이션에서의 잉여가치 창출이 시장에서 경쟁우위를 확보하고 사업을 성공으로 이끄는 중요한 요소가 된다.

중국을 여행하다 보면 유명 패션 브랜드나 쥬얼리 브랜드의 모조품(짝퉁)을 판매하는 상점이나 호객꾼을 쉽게 만날 수 있다. 모조품도 등급이 있어 싸게는 몇 달러에서 비싸게는 몇백 달러를 호가하는 것도 있다. 등급이 높은 모조품은 포장부터 보증서에 이르기까지 전문가들도 진품과 구분이 어려울 정도로 정교하게 만들어진다고 한다.

진품과 모조품이 구분하기 어려울 정도로 비슷함에도 수십 배를 더 지불하고 진품을 사는 이유는 무엇일까? 이는 이러한 명품이 제공하는 고객가치가 기능적 가치가 아닌 정신적 가치이기 때문이다. 기능적으로 아무리 비슷하다 하더라도 '나는 남과 다르다.'라는 차별성과 '소수만이 가질 수 있다.'라는 희소성이 뒷받침되지 않으면 명품으로서의 가치를 상실하기 때문이다.

이처럼 패션이나 쥬얼리 업계에서는 광고나 마케팅을 통해서 형성된 브랜드 자산, 즉 커뮤니케이션에서 창출된 잉여가치가 상품

마케팅을 통한 커뮤니케이션에서의 잉여가치 창출

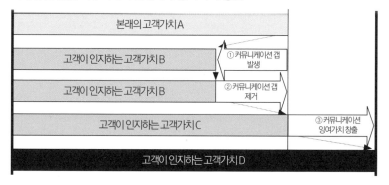

광고와 마케팅 투자를 통해서 제안하는 고객가치를 브랜드 자산화할 수 있으며 브랜드에 대한 신뢰가 쌓여 이 브랜드 자산이 충분히 커지면 커뮤니케이션 영역에서 새로운 잉여 고객가치를 창출하여 고객들이 인지하는 고객가치를 본래의 고객가치보다 더 크게 만들 수 있다.

이나 서비스가 가지는 본래의 가치보다 훨씬 큰 경우가 많다. 이 잉여가치의 크기가 곧 브랜드의 경쟁력을 결정한다. 따라서 매출에서 마케팅 비용이 차지하는 비중이 타 업계 대비 절대적으로 클 수밖에 없다. 이러한 커뮤니케이션에서의 잉여가치 창출 사례는 비단 유명 패션 브랜드나 쥬얼리 브랜드가 아니더라도 우리의 일상생활 속에서 흔히 찾아볼 수 있다.

방송국의 맛집 프로그램에 출연한 내용을 식당 전면에 붙이거나 유명인의 사인을 받아 식당 벽에 붙여놓는 경우 이 또한 커뮤니케이션에서의 잉여가치를 창출하기 위한 마케팅 활동의 하나이다. 새로 개봉된 영화의 높은 예약 순위를 계속 홍보해 관람객을 유치하는 활동도 역시 마찬가지이다. 하지만 아이러니하게도 유명한 맛집이라 하여 30분, 한 시간씩 기다렸다가 막상 들어가보면 음식과 서비스가 다른 음식점과 별 차이가 없어 '여기가 왜 맛집이지?'

하고 의아해한 경험이나 예약 순위 1위라 하는 최신 개봉된 외화를 보러 갔다가 '이게 왜 1위지?' 하는 의구심을 가지며 졸다시피 영화를 보고 나오는 경험을 누구나 한 번쯤은 했을 것이다. 이런 경우 고객으로서는 '낚였다.'라는 표현을 쓸 수도 있겠다. 그러나 고객가치를 제안하는 업체로서는 커뮤니케이션에서의 잉여가치 창출에 성공한 것이라고 평가를 할 수 있을 것이다.

물론 일부 극단적인 예를 들긴 했지만 커뮤니케이션에서 잉여가치를 만들어내는 것은 본래의 고객가치를 만들어내는 일만큼이나 우리가 제안하는 상품이나 서비스의 구매 매력도를 끌어올리는 데 중요한 역할을 한다. 이 부분은 영업이나 마케팅 부서가 개발 부서 못지않게 새로운 고객가치를 창출해 낼 수 있는 기회의 영역이기도 하다.

5장

경영의 핵심

고객가치

하나의 조직이 고객가치 창출이라는 공동의 목표를 향해 함께 나아가
도록 하기 위해서는 CEO부터 말단사원까지 고객가치에 대해서 같은
생각과 이해를 하고 있어야 한다. 또한 조직 내 고객가치 중심의 업무
프로세스와 고객가치 중심의 일하는 문화가 정착되어 있어야 한다.

고객가치 중심의 업무
프로세스를 만들자

고객가치 중심의 경영은 사원들의 일상적인 업무에서부터 경영
진의 전략적인 의사결정에 이르기까지 모든 일의 기준이 고객가
치가 되도록 하는 것이다. 그리고 이것을 가능하게 하는 것이 고
객가치 중심의 업무 프로세스이다.

만약에 100명의 직원이 고객가치에 대해서 100개의 서로 다른
정의를 가지고 있다면 고객가치 창출이라는 공동의 목표를 향해
그 조직을 일사불란하게 움직이게 하기는 쉽지 않을 것이다. 따라
서 전 직원이 고객가치에 대해서 같은 생각과 이해를 할 수 있도록
고객가치를 최대한 간략하게 정의하고 그것을 함께 공유해야 한
다. 이것이 고객가치의 본질을 '고객이 가치 있다고 생각하는 것'이
라고 쉽게 정의하려는 이유이다. 전 직원이 고객가치에 대해서 같
은 생각과 이해를 하고 있다면 그다음에 해야 할 일은 전 조직이
고객가치 창출 활동에 매진할 수 있도록 업무 프로세스를 고객가

고객가치 중심의 업무 프로세스

① 목표 고객 선정	② 고객 니즈 파악	③ 고객가치 제안	④ 제안 가치 평가
• 시장 세분화	• 이성적 니즈 파악	• 기능적 가치	• 혁신성 평가
• 고객 세분화	• 잠재적 니즈 파악	• 감성적 가치	• 우월성 평가
• 목표 고객 선정	• 목표 니즈 선정	• 정신적 가치	• 지속성 평가

① 우리의 고객은 누구인가? – 목표 고객 선정
② 고객은 무엇을 가치 있다고 생각하는가? – 고객 니즈 파악
③ 고객이 가치 있다고 생각하는 것을 어떻게 제안할 것인가? – 고객가치 제안
④ 제안하는 가치가 고객과 경쟁 관점에서 의미 있는 가치인가? 그리고 그 가치가
　 지속해서 유지될 것인가? – 제안 가치 평가

우리가 하는 모든 일의 중심에 고객이 있어 그 일의 판단 기준이 고객가치가 되도
록 하는 것이 고객가치 중심의 업무 프로세스이다. 이것은 곧 '우리의 고객은 누구인
가?' '그들이 원하는 것은 무엇인가?' '그것을 어떻게 만들어낼 것인가?'에 대한 해답
을 찾아가는 과정이기도 하다.

치 중심으로 재정비하는 일이다.

　고객가치 중심의 업무 프로세스를 갖춘다는 것은 우리가 하는
모든 일의 중심에 고객이 있어 그 일의 판단 기준이 고객가치가 되
도록 하는 것이다. 하지만 아직도 많은 기업이 고객가치 중심의 업
무 프로세스보다는 내부 역량 중심의 업무 프로세스에 따라 일을
하고 있다. 그러다 보니 내부의 자원이나 역량에 따라 무엇을 만들
것인가를 먼저 정하고 그다음에 그것을 누구에게 팔 것인가를 고
민하는 경우가 많다.

　그렇게 제안된 고객가치에 대해서 가치의 혁신성보다는 매출과
손익 같은 단기 평가지표를 기준으로 먼저 평가한다. 그리고 단기
평가지표가 부진하면 그때서야 문제의 원인을 파악하기 위해 고객
들의 목소리에 귀를 기울이기 시작한다. 고객가치를 중심으로 일

내부 자원 중심의 업무 프로세스

① 고객가치 제안	② 목표 고객 선정	③ 제안 가치 평가	④ 고객 니즈 파악
• 기술력 • 내부 아이디어	• 목표 시장 선정 • 목표 고객 선정	• 매출, 손익 • 성장률, 점유율	• 판매 부진 사유 • 고객 불만 사항

① 무엇을 만들어낼 것인가? – 고객가치 제안
② 누구에게 팔 것인가? – 목표 고객 선정
③ 판매 성과는 어떤가? 왜 안 팔리는가? – 제안 가치 평가
④ 무엇이 문제인가? 시장의 피드백은 어떤가? – 고객 니즈 파악

우리의 고객가치 창출 활동은 많은 경우에 '우리의 고객은 누구인가?'가 아닌 '무엇을 만들어낼 것인가?'에서 출발한다. 우리가 하는 일의 중심에 '고객' 대신 '우리'가 들어서는 순간 '고객이 가치 있다고 생각하는 것'이 아닌 '우리가 가치 있다고 생각하는 것'을 만들어낼 가능성은 점점 커진다.

하는 조직에서는 고객의 니즈를 먼저 파악하고 그 니즈에 맞는 가치 제안을 하기 위해 노력하지만 내부의 자원 중심으로 일하는 조직은 내부의 역량과 아이디어에서 출발하여 고객가치를 제안하고 그 제안된 고객가치를 원하는 고객을 뒤늦게 찾아 나서기 때문에 실패할 확률이 높을 수밖에 없다.

따라서 고객가치 중심의 경영이 이루어지기 위해서는 기존에 익숙해 있던 내부의 자원 중심의 업무 프로세스를 고객가치 중심의 업무 프로세스로 바꾸는 일이 먼저 이루어져야 한다.

우리의 고객은 누구인가?

① 목표 고객 선정　② 핵심 니즈 선정　③ 고객가치 제안　④ 가치평가

　고객가치 중심의 업무 프로세스는 우리의 고객이 누구인지를 알아내는 일에서부터 시작한다. 특히 새로운 사업을 시작함에 있어서는 목표로 하는 시장과 고객을 정하는 일이 매우 중요하다. 이는 장수가 전투에 앞서 싸움판industry을 정하고 그다음에 싸움터market를 정하며 마지막으로 싸울 상대customer를 정하는 일과 마찬가지이다. 이는 싸움터와 싸울 상대에 따라 싸움에서 이기는 방법이 달라지기 때문이다.

　누군가가 은퇴 후에 적은 자본으로 소규모의 자영업을 하려 한다고 가정해보자. 이럴 때 가장 먼저 해야 할 일은 역시 다양한 업종 중에서 가장 시장성이 좋고 잘할 수 있는 업종을 선택하는 일일 것이다. 그다음에는 주 고객을 누구로 할 것인지를 정해야 하며 목표로 하는 업종과 고객이 정해지면 자연스럽게 매장의 위치, 규모,

목표 고객의 선정

① 시장 세분화	② 목표 시장 선정	③ 고객 세분화	④ 목표 고객 선정

시장을 잘게 쪼개서 목표로 하는 시장을 선정한 후 그 선정된 시장 내의 고객군을 다시 잘게 쪼개서 그 고객군 중 최종적으로 목표 고객군을 선정하는 작업이다.

운영 방법, 인테리어, 가격 정책 등의 세부 항목들을 차례로 결정해나갈 수 있다.

만약에 이 과정을 거꾸로 진행한다면 무슨 일이 생길까? 먼저 매장의 위치나 규모를 정하고 그다음에 주 고객을 누구로 할 것인지를 정한다. 그리고 마지막으로 업종 선택을 한다면? 당연히 작은 것으로부터 큰 것으로 역순으로 의사결정이 진행되면서 선택의 폭은 줄어들 수밖에 없으며 무리한 의사결정으로 원하지 않는 사업을 시작하는 경우가 생길 수 있다. 비록 소규모 자영업을 예로 들기는 했으나 이러한 목표 고객의 선정 과정은 소규모 자영업이나 글로벌 기업의 신규 사업이나 그 진행 과정은 큰 차이가 없을 것이다. 사업의 앞 단계에서 목표 시장과 목표 고객을 명확히 해야 한다. 시장과 고객이 명확하게 정해져야 그다음에 그 고객이 원하는 것이 무엇이며 그것을 어떻게 만들어낼 것인지를 차례로 결정할 수 있기 때문이다.

앞에서도 설명했듯이 목표 고객이 명확지 않으면 고객이 원하는 것이 무엇인지를 정확하게 규정할 수 없다. 그러다 보면 기업의 내부 역량이나 과거의 경험을 바탕으로 고객 관점이 아닌 기업 관점에서 고객가치를 만들고 그다음에 그것을 누구에게 팔 것인가를 거꾸로 고민하게 된다. 이런 경우 당연히 고객이 원하는 가치 제안

사업의 앞 단계에서 목표 시장과 목표 고객을 명확히 해야 한다. 시장과 고객이 명확하게 정해져야 그다음에 그 고객이 원하는 것이 무엇이며 그것을 어떻게 만들어낼 것인지를 차례로 결정할 수 있기 때문이다.

을 하는 것은 어려워진다.

앞서도 예를 들었지만 퍼스널 모빌리티 기기 제조 업체인 세그웨이는 현재 산업용과 일반용으로 시장을 명확히 구분하고 일반용 내에서도 고객의 연령대와 요구 수준에 따라 사양을 달리하면서 탄탄한 제품 구성을 갖추고 있다. 하지만 사업 초기에는 기술과 제품에 대한 과도한 자신감으로 목표 시장과 고객을 명확히 하지 않고 시장에 진입했다가 시장의 관심을 한몸에 받았던 혁신적인 제품을 내놓고도 출시 후 초기 18개월 동안 6,000대라는 초라한 판매 실적을 거두고 고전을 했다.

아무리 훌륭한 기술과 제품을 가지고 있다 하더라도 그 기술과 제품을 필요로 하는 고객을 사전에 명확히 하지않으면 새로 제안하는 고객가치가 시장에서 외면당할 확률은 커질 수밖에 없다.

고객이 원하는 것은 무엇인가?

| ① 목표 고객 선정 | ② 핵심 니즈 선정 | ③ 고객가치 제안 | ④ 가치평가 |

목표 시장과 고객이 정해지면 그다음은 그 고객이 원하는 것이 무엇인지를 정확하게 파악해야 한다. 고객이 가치 있다고 생각하는 것이 고객마다 다르고 고객의 가치 판단 기준이 시간이 흐름에 따라 계속 변하기 때문에 고객이 원하는 것을 정확하게 파악하는 것은 쉬운 일이 아니다.

고객의 니즈에는 선호 기능, 디자인, 가격과 같이 고객이 원하는 것이 명확해 일반적인 정량 조사만으로 쉽게 파악할 수 있는 것들도 있다. 하지만 무의식 속에 잠재된 숨은 니즈unmet needs처럼 고객들도 잘 모르거나 알면서도 외부로 정확하게 표현하기 어려운 것들도 있다. 이러한 숨은 니즈는 고객가치를 차별화하는 데 핵심적인 역할을 한다. 따라서 기존 고객가치에서 차별화에 한계를 가지고 있다면 이 숨은 니즈를 찾는 데에 충분한 시간과 노력을 투자

할 필요가 있다.

비용을 고려할 경우 파악된 모든 고객 니즈를 다 만족하는 고객가치를 만들어내는 것은 불가능하다. 따라서 파악된 고객의 니즈와 시장의 트렌드를 종합적으로 분석해 최종적으로 어떤 고객 니즈에 초점을 맞추어 가치 제안을 할 것인지를 정해야 한다. 같은 고객을 대상으로 고객가치를 제안한다고 하더라도 어떤 니즈에 집중하느냐에 따라 제안하는 고객가치는 달라질 수밖에 없다. 이것은 곧 어떤 고객가치를 만들어낼 것인가를 결정하는 일이기에 사업 전략의 중요한 부분이 되기도 한다.

이렇듯 고객의 니즈를 정확하게 파악하고 목표로 하는 핵심 니즈를 최종적으로 선정하는 작업은 고객이 원하는 실질적인 고객가치의 완성도를 올리기 위해 필수적인 작업이다. 고객의 핵심 니즈를 정확하게 파악하고 그 니즈에 맞는 고객가치를 제안해 성공한 사례로 최근 시장에서 인기를 끌고 있는 스틱형 무선 청소기를 꼽을 수 있겠다. 과거에는 흡입력이 얼마나 좋은가가 청소기의 성능을 판단하는 기준이었다. 자연스럽게 제조업체들은 흡입력을 키우기 위해 더 큰 모터를 사용하고 흡입 성능이 좋아진 만큼 더 큰 먼지 통을 적용해 청소기는 점점 더 커지고 무거워졌다. 하지만 청소를 자주 해본 사람이라면 무거운 청소기를 이 방 저 방 끌고 다니며 긴 줄을 풀었다가 감았다 하며 청소하는 일이 얼마나 불편한지를 잘 알 것이다.

최근 주요 청소기 업체들은 이러한 고객의 불편함에서 출발해 청소기의 무게와 크기를 줄이면서도 흡입력을 키우고 고용량의 배터리를 적용해 한 번 충전으로 한 시간 이상 사용이 가능하도록 한

목표 고객의 핵심 니즈 선정

① 이성적 니즈 파악 ② 잠재적 니즈 파악 ③ 니즈 트렌드 맵 ④ 핵심 니즈 선정

목표 고객의 이성적, 잠재적 니즈를 파악하여 주요 니즈별 트렌드 맵을 작성하고 그 맵상에서 우리의 역량과 사업 전략에 가장 잘 부합하는 핵심 니즈를 최종적으로 선정하는 과정이다.

새로운 개념의 무선 청소기를 시장에 출시하고 있다. 무선 청소기의 등장으로 이제 더는 긴 줄이 달린 무거운 청소기를 힘겹게 끌고 다니지 않아도 된다. 그 편리함 덕분에 국내 무선 청소기 시장은 연간 70만 대가 넘는 대규모의 시장으로 빠르게 성장하고 있다.

이처럼 고객의 핵심 니즈를 정확하게 파악하는 일은 새로운 상품이나 서비스가 시장에서 성공할 확률을 높여주는 데 매우 중요한 역할을 한다. 시간이나 비용을 절약하기 위해서 고객의 핵심 니즈를 파악하는 과정을 생략하고 과거의 성공 경험이나 내부 아이디어에 의존해 고객가치를 제안한다면 '고객이 가치 있다고 생각하는 것'이 아닌 '우리가 가치 있다고 생각하는 것'을 만들어낼 위험성은 커질 수밖에 없다.

고객이 원하는 것을 정확하게 파악하기 위해서는 앞서 샤오미의 성공 사례에서 설명했듯이 상품과 서비스의 기획 단계부터 고객의 참여를 적극 유도해 고객이 원하는 제품을 고객과 함께 만들어나가는 '고객 참여형 상품개발 프로세스'를 활용하는 것도 좋은 방법이다. 확보한 고객 기반이 충분하다면 넷플릭스나 유튜브처럼 우리의 고객들이 무엇에 관심이 있고 무엇을 찾고 있는지 그리고 그 트렌드는 어떠한지를 사용자들의 빅데이터를 활용해 과학적으로

주요 업체의 스틱형 무선 청소기

최근 국내 청소기 시장도 기존의 대용량 캐니스터형 유선 청소기 시장에서 간편 청소에 최적화된 스틱형 무선 청소기 중심으로 빠르게 재편되고 있다. LG전자 무선청소기 코드제로 A9(위)와 다이슨 무선청소기 V8(아래)

분석해 상품기획에 반영할 수도 있다. 만약에 보유 고객 정보 자료가 충분하지 않다면 구글이 확보한 다양한 빅데이터를 무료로 쓸 수 있는 구글 트렌드 분석 서비스를 이용할 수도 있다.

고객의 니즈를 파악하는 작업은 지식이나 정보의 문제가 아니라 실천과 내부 업무 프로세스의 문제이다. 따라서 우리가 원하는 것이 아닌, 고객이 원하는 것을 만들어내겠다는 의지와 실행력이 무엇보다도 중요하다.

4

어떤 고객가치를 제안할 것인가?

① 목표 고객 선정　② 핵심 니즈 선정　③ 고객가치 제안　④ 가치 평가

　고객가치 제안은 고객 세분화 작업을 통해 선정된 목표 고객의 핵심 니즈에 맞는 최적의 고객가치를 만드는 과정으로 제안하고자 하는 고객가치와 고객의 핵심 니즈를 정확하게 일치시키는 것이 매우 중요하다.

　• 기존 사업에서 시장 지배력을 확대하고자 하는 경우

　시장이 이미 충분히 형성된 기존 사업은 목표 시장 → 목표 고객 → 핵심 니즈 선정 작업을 체계적으로 진행함으로써 고객의 핵심 니즈를 정확하게 찾아낼 수 있다. 그리고 이 니즈에 가장 잘 맞는 고객가치를 제안함으로써 사업의 실패 확률을 줄이고 더 나아가 히트 상품을 만들어 시장 내 지배력을 키워가는 데 핵심적인 역할을 할 수 있다.

고객의 핵심 니즈에 최적화된 고객가치 제안

목표 시장 선정		목표 고객 선정		핵심 니즈 선정		고객가치 제안	
시장 A		고객 A		니즈 A			가치 A
시장 B		고객 B		니즈 B			가치 B
시장 C	목표 시장	고객 C	목표 고객	니즈 C	핵심 니즈	제안 가치	가치 C
시장 D		고객 D		니즈 D			가치 D
시장…		고객…		니즈…			가치…

　예를 들어 새로운 프리미엄 TV를 시장에 출시할 경우 프리미엄 TV를 구매하는 고객들의 핵심 니즈를 정확하게 알 수 있다면 그 니즈에 들어맞는 최적의 가치 제안을 할 수 있을 것이다.

　프리미엄 TV를 구매하는 고객들은 화질 못지않게 디자인을 중시하며 대부분 고객은 큰 공간을 차지하는 테이블형보다는 벽걸이형 설치를 선호한다. 따라서 TV를 벽에 설치하고 싶어 하는 고객의 핵심 니즈에 맞추어 TV 제조업체는 TV를 벽에 걸었을 때 마치 한 폭의 그림을 걸어놓은 것 같은 느낌이 들 수 있도록 두께와 베젤을 최소화해야 한다. 벽에 별도의 공사를 하지 않고도 깔끔하게 케이블들을 처리할 수 있도록 TV와 연결된 케이블 선들을 단순화하고 그러면서도 화질과 사운드에서는 일반적인 TV를 앞서는 우수한 성능과 품질을 갖춘 TV를 만들어 제안해야 할 것이다.

　이처럼 목표 고객을 명확히 하고 그 목표 고객이 원하는 핵심 니즈가 명확히 파악되면 우리의 고객가치 제안 활동은 훨씬 정교해질 수 있다. 그만큼 제품이 출시된 후 시장에서 겪을 시행착오를 줄이고 제품이 성공할 확률을 높일 수 있다.

LG의 벽걸이형 올레드 TV W 시리즈

LG 올레드 TV W는 모든 회로를 스피커(사운드 바)에 내장하고 TV 본체는 초슬림 두께의 월페이퍼 디자인을 구현하여 프리미엄 TV를 찾는 고객들의 니즈에 부합하는 벽걸이용으로 제품의 콘셉트를 최적화했다. (출처: LG 전자)

• 고객의 잠재 니즈에서 출발해 신규 시장을 창출하는 경우

고객의 잠재 니즈로부터 출발하여 기존에 없던 새로운 고객가치를 제안하고 이 새롭게 제안된 고객가치가 고객들의 숨은 니즈를 충족해 기존에 없던 새로운 시장을 창출해나가는 경우이다.

고객의 잠재 니즈 ⇨ 고객가치 제안 ⇨ 신규 시장 창출

잠재 니즈 파악	고객가치 제안	신규고객 창출	신규시장 창출

LG의 의류 관리기 스타일러는 세탁소에 맡기지 않고도 항상 새 옷과 같은 옷을 입고 싶어하는 고객의 사소한 니즈에서 출발해 기존에 없던 기능적 가치를 만들어내고 새로운 시장을 창출했다. 최근에 소비자에게 인기를 끌면서 빠르게 공급업체가 늘고 있는 침

침구 청소기

침구 청소기는 집먼지진드기가 일으키는 알레르기 질환에 대한 소비자들의 우려에서 출발해 솔루션을 찾아 제안함으로써 새롭게 시장을 창출해낸 좋은 사례이다. 다양한 업체의 침구 청소기.

구 청소기도 고객의 작은 불편이나 숨은 니즈에서 출발해 새로운 가치를 제안하고 그 제안된 가치가 고객들로부터 좋은 반응을 얻음으로써 기존에 없던 새로운 시장을 만들어낸 좋은 사례이다.

대부분의 스타트업이 제안하는 비즈니스 모델은 이와 같이 고객의 잠재 니즈에서 출발해 새로운 고객가치를 제안하고 기존에 없던 새로운 시장을 창출해내는 것을 목표로 하고 있다. 이러한 과정을 통해 신규 시장 창출에 성공한 스타트업은 자연스럽게 그 시장을 주도하는 선도 기업으로 자리매김하게 된다.

한편 고객의 니즈 파악을 위한 충분한 노력 없이 과거의 경험이나 내부 아이디어에서 출발하여 고객가치를 제안하면 제안하는 고객가치가 고객들의 니즈를 제대로 충족시키지 못해 실패할 확률이 높아 진다.

고객가치 제안 ⇨ 고객니즈 창출 시도 ⇨ 신규 시장 창출 실패

| 고객가치 제안 | 고객 니즈 창출 시도 | 신규고객 창출 실패 | 신규시장 창출 실패 |

미국에서 실패한 스타트업 101개를 조사한 결과 첫 번째로 꼽는 실패 요인은 역시 시장과 고객이 원하지 않는 상품과 서비스를 만들었다는 것이다. 고객이 가치 있다고 생각하는 것과 우리가 가치 있다고 생각하는 것은 언제든지 다를 수 있다. 고객이 가치 있다고 생각하는 것을 만들어내기 위해서는 결국 고객이 무엇을 가치 있다고 생각하는지, 즉 고객의 니즈에서 출발해 그 니즈를 충족시키는 고객가치를 제안해야만 한다.

스타트업뿐만이 아니라 글로벌 1등 기업들조차도 고객의 니즈를 충족시키는 제대로 된 고객가치를 만들어내지 못해 경쟁에서 도태되고 시장에서 사라져간다. 그 기업들이 연구개발에 천문학적인 투자를 하고 조직 내에서 수많은 혁신 활동을 하면서도 고객이 원하는 가치 창출에 실패하는 이유는 내부 역량이나 자원이 부족해서가 아니라 그 역량과 자원을 '얼마나 고객가치 중심으로 사용하느냐'에서 경쟁력을 잃었기 때문이다.

고객가치의 첫 번째 본질이 잘 말해주듯이 스타트업이든 글로벌 1등 기업이든 사업의 규모와 관계없이 '고객이 가치 있다고 생각하는 것'이 아닌 '기업이 가치 있다고 생각하는 것'을 만드는 데 조직의 역량과 자원을 집중한 기업은 결국 고객들로부터 외면당하고 시장에서 사라져갔다.

평가는 고객이 한다

① 목표 고객 선정　② 핵심 니즈 선정　③ 고객가치 제안　④ 가치평가

　제안된 고객가치가 상품화되어 시장에 선보이고 나면 그 고객가치(상품, 서비스, 비즈니스 모델)에 대해서 고객 관점에서 가치의 혁신성, 경쟁 관점에서의 가치의 우월성, 그리고 시장 관점에서의 가치의 지속가능성을 객관적으로 평가할 수 있어야 한다.

　고객가치의 본질에서 설명한 한 바와 같이 고객의 가치 판단 기준은 시간이 지남에 따라 계속 변하며 시장 내 경쟁 또한 더욱 치열해지기 때문에 한 번 성공한 가치 제안이 반복해서 성공할 가능성은 매우 희박하다. 따라서 제안된 고객가치에 대해서 고객과 경쟁 그리고 시장 관점에서 냉정하게 성과 평가를 하고 이 평가 결과를 다음 고객가치 제안 프로세스에 반영하는 것은 매우 중요하다. 고객가치에 대한 성과 평가를 할 때는 반드시 제안된 가치의 근본적인 경쟁력을 먼저 평가하고 그다음에 매출과 손익 같은 단기성

과지표를 평가하는 것이 좋다.

제안된 고객가치의 주요 성과 평가 항목
- 혁신성: 고객 관점에서 기존에 제안했던 고객가치 대비 가치 혁신이 이루어졌는가?
- 우월성: 경쟁 관점에서 경쟁자를 앞서는 가치 혁신이 이루어졌는가?
- 지속성: 가치의 혁신성이 얼마나 지속할 수 있는가? 후속 가치 혁신의 잠재력은 있는가?

시장 환경에 민감한 단기 성과 지표만을 가지고 고객가치의 성과를 평가하면 미래사업에 대한 잠재력 등 전략적인 성과에 대한 평가가 제대로 이루어지지 않아 경쟁자를 앞서는 의미 있는 고객가치를 만들어놓고도 스스로 시장에서 퇴출시키는 실수를 범할 수 있다.

스티브 잡스가 처음 아이폰을 시장에 소개했을 때만 해도 이 제품이 우리의 라이프 스타일을 바꾸고 더 나아가 IT 산업계 전체를 뒤흔드는 혁신적인 제품이 될 것이라고는 아무도 생각하지 못했다. 2007년 아이폰이 처음 출시됐을 때 그 제품의 혁신성에도 불구하고 시장의 반응은 차가웠으며 초기 판매 또한 부진했다. 노키아를 포함해 그 당시 피처폰을 만들던 그 어느 기업도 애플의 아이폰이 애플을 글로벌 시가총액 1위 기업으로 끌어올리는 역할을 하는 혁신적인 제품이 되리라고는 생각하지 못했다.

만약에 그 당시 애플이 단기 성과만 가지고 처음 출시된 아이폰

애플이 1세대 아이폰에서 제안했던 스마트폰 운영체제와 '정전식 터치 스크린'이 없었다면 우리는 여전히 화면 하단부에 있는 물리적인 버튼을 힘겹게 누르며 휴대폰을 사용하고 있을지도 모른다. 이렇게 시작한 스마트폰은 우리의 라이프 스타일을 바꾸었고 이제는 할 수 없는 것이 없을 정도로 만능 IT 기기가 되었다.

의 잠재 가치를 평가절하하고 실패한 제품으로 결론을 내렸다면 아이폰의 후속 모델은 개발되지 않았을 것이다. 그리고 당연히 지금과 같이 거대한 스마트폰 시장과 글로벌 시가총액 1위 기업으로서의 애플은 존재하지 않았을 것이다.

6

고객가치 중심의
일하는 문화를 만들자

아무리 경영진이 강한 신념과 열정을 가지고 고객가치의 중요성을 강조한다고 하더라도 조직 내에 고객가치 중심의 일하는 문화가 내재되어 있지 않으면 조직 전체가 '고객가치 창출'이라는 공동의 목표를 향해 한 방향으로 나아가도록 하기는 쉽지 않다.

기업의 생존은 그 기업이 지속해서 고객가치를 만들어내느냐, 못하느냐에 달려 있다. 그리고 그것을 가능하게 하는 것은 결국 그 조직의 일하는 문화이다. 몇 명의 전문가나 특정 부서가 그 일을 할 수 있다고 생각하는 순간 그 조직의 고객가치에 대한 열정은 사라져버리고 조직 내 가치 혁신의 열기는 더는 기대하기 어려울 것이다. 그러면 어떻게 우리 조직 내에 진심에서 우러나오는 고객가치 중심의 일하는 문화를 만들 수 있을까? 현실적이면서도 실행 가능한 몇 가지 방법을 제안해보고자 한다.

첫 번째로 고객가치에 대해서 전 조직원이 같은 정의를 내릴 수 있도록 하자. '고객가치란 고객이 가치 있다고 생각하는 것이며 고객마다 다르고 시간이 흐를수록 계속 변한다.'는 고객가치의 본질에 대해 조직 전체가 같은 이해를 한다면, 즉 '고객가치가 무엇이라고 생각합니까?'라고 물어봤을 때 누구에게서나 같은 대답이 나올 수 있다면 그 조직은 고객가치 창출이라는 하나의 목표를 향해 한 방향으로 나아갈 수 있을 것이다.

회사가 만들어내고자 하는 고객가치가 고객이 가치 있다고 생각하는 것과 괴리가 있을 때 누구나 용감하게 "우리가 가치 있다고 생각하는 것이 아니고 고객이 가치 있다고 생각하는 것을 만들어야 합니다."라고 이야기할 수 있는 조직, 누군가가 시장과 고객의 구분 없이 고객가치를 획일적으로 일반화해 고객들에게 강요하려고 할 때 "고객가치에 대한 판단 기준이 시장마다 고객마다 다르므로 서로 다른 고객의 목소리에 좀 더 귀를 기울여야 합니다."라고 말할 수 있는 조직, 새로운 가치 혁신을 위한 아무런 노력 없이 과거의 성공 체험을 그저 반복하려 할 때 "고객의 가치 판단 기준이 계속 변하기 때문에 같은 성공은 반복되지 않습니다."라고 스스로 도전할 수 있는 조직 문화를 만들어야 한다.

두 번째로 모든 의사결정의 중심에 항상 고객가치가 자리를 잡도록 하자. "부장님, 이 색깔을 왜 바꿔야 하지요?"라고 부하직원이 물었을 때 "위에서 결정했으니 그대로 해."라는 대답이 나와서는 안 된다. "이 기능을 왜 빼야만 합니까?"라는 영업사원의 질문에 "원가 절감을 위해서 뺐습니다. 경쟁사도 뺐는데요."라는 대답이 개발부서에서 나와서는 안 된다.

하지만 안타깝게도 현실로 돌아오면 모든 의사결정의 중심에 고객가치보다는 상사의 지시사항, 원가절감, 경쟁사 따라 하기 등 고객가치 혁신과는 전혀 무관한 조직 내부의 이해관계가 자리를 잡고 있다.

경영진이나 의사결정권자가 "비용이 얼마나 줄어드는가, 언제까지 끝낼 수 있는가?"라는 질문에 앞서 "고객은 어떻게 생각하는가?"라는 질문을 먼저 던진다면 보고하는 부서는 '이 의사결정에 대해서 고객은 어떻게 생각할까?'라는 고민과 그 해답을 찾기 위해서 노력할 것이며 자연스럽게 그 조직에 고객가치 중심의 의사결정 문화가 자리를 잡을 것이다.

세 번째로 고객가치 관점에서 성과평가를 할 수 있도록 하자. 대부분 조직은 조직별로 역할과 책임이 있으며 각각의 역할과 책임에 대해서 표준화된 평가 지표KPI가 있고 그 지표에 대한 성과로 평가를 받는 것이 일반적이다. 비용 절감은 얼마나 했는지, 손익은 얼마나 개선됐는지, 전년 대비 매출은 얼마나 늘었는지, 그리고 경쟁사와의 격차는 얼마나 넓혀졌는지 등 대부분의 평가 항목은 업계의 구분 없이 비슷할 것이다.

하지만 그 조직과 조직원들이 고객가치 혁신을 위해서 어떠한 노력을 했고 실제로 어떤 의미 있는 고객가치를 만들어냈는지 등 고객가치를 기준으로 성과를 평가하는 기업은 많지 않다. 이것은 고객 관점에서 성과를 정량화하기가 쉽지 않고 또 대부분의 고객가치 혁신과 관련된 성과가 중장기적인 경우가 많기 때문이다. 하지만 평가상의 어려움이 다소 있다 하더라도 조직의 성과를 고객가치 관점에서 바라보는 것은 매우 중요하다.

고객가치 관점에서의 성과에 대해 평가를 하지 않는다면, 즉 평가 지표 어디에도 고객가치 관련 평가 지표가 없다면 그 조직에 '고객가치 중심의 일하는 문화'를 심기는 쉽지 않을 것이다. 누구도 평가받지 않는 항목에 대해서 열정을 가지고 일하려 하지는 않을 테니까. 개발부서라면 새로운 제품이나 기능 그리고 서비스가 고객의 삶의 질을 향상하는 데 얼마나 이바지했는지를 평가할 수 있을 것이고, 영업부서라면 고객과의 접점에서 차별화된 감성적 가치를 만들어내 브랜드의 정체성을 얼마나 견고히 했는지를 평가할 수 있을 것이며 지원부서라면 고객가치를 만들어나가는 실무 부서들을 얼마나 효율적으로 지원했는지를 평가할 수 있을 것이다.

조직 전체가 고객가치의 본질에 대해서 같은 생각과 이해를 하고 있다면, 그리고 조직의 모든 의사결정이 고객가치를 중심으로 이루어지며 조직에 대한 성과 평가 또한 그 조직이 만들어낸 고객가치에 의해서 이루어진다면 그 조직에는 '고객가치 중심의 일하는 문화'가 자연스럽게 정착되고 새로운 고객가치 창출을 위한 열정으로 가득 찰 것이다.

물론 조직 내 고객가치 중심의 일하는 문화가 정착되어 있다고 해서 그 기업이 경쟁자의 추종을 불허하는 고객가치 혁신을 지속하는 업계 선두기업이 되는 것을 보장하지는 않을 것이다. 하지만 분명한 것은 고객가치 중심의 조직문화가 있는 기업은 그렇지 못한 기업보다 혁신적인 고객가치를 만들어낼 확률이 높으며 고객가치를 혁신하는 기업은 가치혁신을 하지 못하는 기업보다 생존할 확률이 높다는 것이다.

정답은 없다. 하지만 기업이 생존을 원한다면 선택은 하나밖에 없는 것 같다. 그 조직이 고객이 원하는 실질적인 가치를 지속해서 만들어내면 생존할 것이고 그렇지 못하면 사라질 것이다.

고객가치 Customer Value

초판 1쇄 발행 2019년 2월 7일
초판 2쇄 발행 2019년 4월 11일

지은이 김종훈
펴낸이 안현주

경영총괄 장치혁
디자인 표지 최승협 본문 장덕종
마케팅영업팀장 안현영

펴낸곳 클라우드나인   **출판등록** 2013년 12월 12일(제2013-101호)
주소 우) 121-898 서울시 마포구 월드컵북로 4길 82(동교동) 신흥빌딩 6층
전화 02-332-8939   **팩스** 02-6008-8938
이메일 c9book@naver.com

값 15,000원
ISBN 979-11-89430-13-9 03320